CONCOURS DE GARDIEN BRIGADIER DE POLICE MUNICIPALE

RAPPORTS CORRIGÉS ET EXPLIQUÉS
Exemples de Rapports corrigés et expliqués

Édition originale
Autoédition AMAZON
Annecy 2022
Texte : Karine Shepard
Images : diverses précisés sur emplacement
Tout droit réservé.

ISBN : 9798403103374
Marque éditoriale : Independently published
Dépôt légal février 2022

Impression à la Demande/Commande
Prix : 29,99 euros TTC

Toute représentation ou reproduction, intégrale ou partielle, faite sans le consentement de l'auteur ou de ses ayants droit ou ayant cause, est illicite.
(Article L122-4 du Code de la Propriété intellectuelle)

<u>Remerciements :</u>

À ma merveilleuse femme qui me donne chaque jour encore plus de raison de l'aimer.

À tous les candidats accompagnés depuis 2004,
Vous m'avez donné matière à écrire pour aider les suivants.

À Romain et Stéphane, mes plus belles réussites.

PRÉFACE

Vous avez décidé de passer le Concours de Gardien Brigadier de Police Municipale.

Si vous lisez ces lignes, c'est que vous vous donnez les moyens de réussir les épreuves.

BRAVO À VOUS !

Les épreuves sont bien plus complexes qu'il n'y paraît.

Elles nécessitent une préparation complète.

Que vous ayez déjà un pied dans une profession de sécurité publique ou pas,
Vous ne devez en négliger aucunes.

CHAQUE POINT COMPTE.

Dans cet ouvrage, vous aurez des exemples de rapports corrigés d'une complexité graduée afin que vous puissiez maîtriser un maximum de cas de figure.

La rédaction du rapport est tellement précise qu'elle à un fascicule de méthodologie pour elle seule (voir le chapitre ouvrages du même auteur).

Cet ouvrage est dédié à toute personne qui désire atteindre un but
Et qui s'en donnent les moyens,

AUTREMENT DIT... VOUS

Si **vous** croyez en **vous** autant que **je crois en votre réussite**,

Alors vous avez déjà fait un grand pas dans l'accomplissement de votre but.

Si vous désirez un accompagnement personnalisé, contactez-nous,
Il y a peut-être encore de la place.

**Vous êtes prêts ?
C'est parti !**

PRÉFACE	**003**
SOMMAIRE	**005**

I – LE RAPPORT — **007**

RAPPEL DES BASES DU RAPPORT — **007**

- ➢ LES SIGNES DISTINCTIFS — **007**
- ➢ LE RAPPORT EN LUI-MÊME — **008**
- ➢ PRÉSENTATION DU RAPPORT — **009**
- ➢ PRÉSENTATION TYPE A APPRENDRE PAR CŒUR — **010**
- ➢ LA QUALIFICATION DE L'INFRACTION : L'OBJET — **011**
- ➢ LE CORPS DU RAPPORT — **012**
- ➢ LA FIN DU RAPPORT — **017**
- ➢ LA CAMERA INDIVIDUELLE — **018**
- ➢ LES TEXTES A CONNAÎTRE — **023**

II – SUJETS DE RAPPORTS D'entraînement — **025**

- o RAPPORT 01 - Mise en bouche — **025**
- o RAPPORT 02 – La main dans le sac — **026**
- o RAPPORT 03 - Titubation — **030**
- o RAPPORT 04 – Roulez jeunesse — **034**
- o RAPPORT 05 – Vol rouge — **038**
- o RAPPORT 06 – Le crado — **044**
- o RAPPORT 07 – Bon chien — **048**
- o RAPPORT 08 – Hiii, crack, Boum, Aie — **052**
- o RAPPORT 09 – cadavre exquis — **056**
- o RAPPORT 10 – le four à roulette — **058**
- o RAPPORT 11 – la revanche de la barrière — **062**
- o RAPPORT 12 – ça sent le gaz — **064**
- o RAPPORT 13 – motocross — **066**
- o RAPPORT 14 – tel est pris — **070**
- o RAPPORT 15 – une odeur d'enfer — **074**
- o RAPPORT 16 – jeu de guerre — **076**
- o RAPPORT 17 - nom d'un chien — **080**
- o RAPPORT 18 – un petit verre de trop — **084**

III - CORRECTIONS DES RAPPORTS — **090**

- o RAPPORT 01 - Mise en bouche — **090**
- o RAPPORT 02 – La main dans le sac — **096**
- o RAPPORT 03 - Titubation — **100**
- o RAPPORT 04 – Roulez jeunesse — **104**
- o RAPPORT 05 – Vol rouge — **108**
- o RAPPORT 06 – Le crado — **112**
- o RAPPORT 07 – Bon chien — **116**
- o RAPPORT 08 – Hiii, crack, Boum, Aie — **120**
- o RAPPORT 09 – cadavre exquis — **124**
- o RAPPORT 10 – le four à roulette — **128**
- o RAPPORT 11 – la revanche de la barrière — **136**
- o RAPPORT 12 – ça sent le gaz — **140**
- o RAPPORT 13 – motocross — **146**
- o RAPPORT 14 – tel est pris — **152**
- o RAPPORT 15 – une odeur d'enfer — **158**
- o RAPPORT 16 – jeu de guerre — **164**
- o RAPPORT 17 - nom d'un chien — **168**
- o RAPPORT 18 – un petit verre de trop — **172**

IV - CONTACT ET OUVRAGE — **178**

V - ÉPILOGUE — **182**

VI - PAGES D'ENTRAINEMENTS — **183**

I – LE RAPPORT

RAPPEL DES BASES
(Pour les détails, voir l'ouvrage "**la méthodologie du Rapport**, du même auteur")

> **LES SIGNES DISTINCTIFS** (Sur la copie d'examen)

Attention aux **signes distinctifs** ou pouvant être reconnu comme tel (même si c'est votre manière d'écrire habituelle, modifiez-la) exemple si vous faites des « pattes » trop longues à certaines de vos lettres ; écourtez-les, si vous mettez des majuscules au milieu d'une phrase ; disciplinez-vous.

Pensez que le correcteur à une centaine de copies à consulter, ce genre de « signe » est recherché en premier afin de vérifier si la copie va être corrigée ou pas, ce fait donnant au final, une **ANNULATION DIRECTE ET IRRÉMÉDIABLE DE LA COPIE** cela vaut le coup de s'y attarder.

Ne soulignez en **AUCUN CAS**.

Ne **CHANGEZ PAS DE COULEUR** en cours de route si vous avez commencé en noir et que votre stylo tombe en panne, prenez un de ses petits frères et terminez en noir.

Ne **METTEZ PAS DE X** quelque part pour remplacer une information que vous n'avez pas.

ATTENTION AUX SIGNATURES SUR LA COPIE

Pour le rapport, il s'impose que **l'agent intervenant ET ses collègues**
Signent à la fin de l'écrit.

Vous devez signer mais **SURTOUT PAS VOTRE VRAI NOM**,

Signez au **NOM (S) DE (S) L'AGENT (S) DICTE (S) PAR LE SUJET**.

J'insiste :

IL EST INTERDIT DE SIGNER SON PROPRE NOM

ATTENTION !!!!!

Vaut une ANNULATION DE COPIE IMMÉDIATE.

Ne faites pas de signature fantaisiste, restez sur du basique, si on vous dit dans le sujet Agent DELTA, marquez simplement AGENT DELTA à la fin du rapport.

➢ LE RAPPORT EN LUI-MÊME

Lorsque vous devez effectuer un rapport de Police, il est nécessaire de connaître certaines phrases types afin de pouvoir rédiger ce dernier dans le temps imparti.

- ✓ En concours **EXTERNE** vous aurez **01 h 30** pour rédiger.

- ✓ En concours **INTERNE** vous aurez **02 h 00** pour rédiger.

- ✓ Pour les candidats **reconnus handicapés**, vous aurez **02 h 00** pour rédiger.

La formulation varie immanquablement avec l'affaire traitée (nature des faits, moyens utilisés, nombre de personnes impliquées etc..)

Aucun rapport ne peut ressembler à un autre car il existe autant de rapport qu'il existe de professionnels et de situations sur terre, autant dire que « **S'ADAPTER** » est le maître mot du Policier qui rédige un rapport.

UN POLICIER DOIT SAVOIR INTERVENIR SUR LE TERRAIN

ET

SAVOIR ÉCRIRE LE DÉROULEMENT DE SON INTERVENTION.

- ✓ Rédigez **AU PRÉSENT** comme si vous viviez l'action **MAINTENANT**

- ✓ Mettez-vous en tête que vous êtes toujours « deux ». VOUS et votre UNIFORME formez deux entités et ce, même si vous êtes seuls à intervenir, autant dire que vous oubliez le « JE » tout de suite.

- ✓ Lorsque vous parlerez de vous, vous serez « l'Agent MACHIN » pas « JE »

- ✓ Faites des PHRASES COURTES ET SIMPLES, pensez que le lecteur de votre rapport en a minimum 200 à lire chaque jour, autant dire que **LES PHRASES LONGUES SONT A BANNIR,**

- ✓ Soyez détendu au possible,

- ✓ Lisez bien le sujet, imaginez le film de l'histoire.

- ✓ Triez les articles de lois qui vous sont proposés, ne gardez que ceux qui concernent le sujet (attention aux pièges des articles en trop qui sont là pour vous distraire et surtout prouver au correcteur que vous savez manier un Code pénal ou autre).

> **PRÉSENTATION DU RAPPORT**

Pour réussir l'épreuve de rapport il va vous falloir :

- Certaines astuces,
- Phrases type,
- Articulation du texte,
- Une bonne notion de français,
- De la logique,
- Une imagination visuelle,
- De la mémoire,
- Du calme
- De la détermination.

Respirez, ce n'est pas aussi compliqué que vous le pensez, ce qui est complexe c'est la teneur de la loi et votre capacité à la "décoder" pour choisir le ou les bons articles supports pour qualifier et expliquer l'infraction ou l'action que vous avez constatée.

Sur la feuille d'examen, vous aurez un espace réduit pour effectuer votre présentation

Restez simple mais complet.

LA CONSTRUCTION, RÉFLEXION ET RÉDACTION D'UN RAPPORT

EST TELLEMENT DIVERSIFIÉ,

QU'IL EST NÉCESSAIRE D'EN DÉDIER UN LIVRE À PART ENTIÈRE.

VOUS TROUVEREZ LA MÉTHODOLOGIE COMPLÈTE

DANS L'OUVRAGE « MÉTHODOLOGIE DU RAPPORT DE POLICE »

DISPONIBLE SUR AMAZON

(VOIR CHAPITRE OUVRAGES DU MÊME AUTEUR)

➢ PRÉSENTATION TYPE à APPRENDRE PAR CŒUR

Nous voilà avec la base de notre rapport qui est posé, voici ce qui est à apprendre **PAR CŒUR** :

RÉPUBLIQUE FRANÇAISE
RAPPORT

POLICE MUNICIPALE
DÉPARTEMENT DE XXXX
VILLE DE XXXX

RAPPORT NUMÉRO XXXX

Le GRADE, NOM PRÉNOM
A
Monsieur le Maire,
Monsieur Le Procureur de la République,
Monsieur l'Officier de Police Judiciaire,

L'an deux mille dix-neuf, le XXXX du mois de XXXX

OBJET : qualification de l'infraction EXACTE

Nous, Gardien (Gardien Brigadier, ou grade précisé dans le sujet) XXXX,

Assisté des Gardiens YYYY et ZZZZ du service.

Agents de Police Judiciaire Adjoints, dûment agréés et assermentés par Monsieur le Préfet et Monsieur le Procureur de la république.

En poste à la police Municipale dans la commune de XXXX
Agissant en uniforme, revêtus des signes extérieurs apparents de notre fonction.

Conformément aux ordres de nos chefs et sous couvert de notre hiérarchie.

Vu les Articles 21.2° et 429 du Code de Procédure Pénale

Vu les Articles L511-1 et suivants du Code de la Sécurité Intérieure

Vu l'article XXX et ZZZ du Code pénal.
Vu l'article AA du code de procédure pénale.
Vu l'arrêté municipal n° XX du XX mois année.
Vu l'arrêté préfectoral n° XX du XX mois année.

Essayez de faire tout tenir sur la **première page d'examen**, *si vous n'y arrivez pas,* **ne paniquez pas***, continuez sur l'intérieur.*

Ce qui est encadré doit être rempli avec les informations du sujet et les articles à utiliser.
Si vous avez une information qu'i vous manque, laissez-la vide, montrez juste au correcteur que vous y avez pensé.

JE RAPPELLE LA CHOSE INTERDITE sous peine d'annulation de la copie

---

N'ÉCRIVEZ PAS DANS LA MARGE DE LA FEUILLE D'EXAMEN

➤ LA QUALIFICATION DE L'INFRACTION : L'OBJET
(Au début du rapport rappelez-vous)

L'objet n'est pas à négliger.

Selon l'intervention que vous effectuez, il est important de faire le rappel rapide pour qu'un procureur qui lit votre rapport.

Vous devez être précis et rappeler chaque infraction que vous avez traitée.

Exemples :

Une infraction :

- Objet : Circulation d'un chien catégorisé dans un commerce sans muselière.

- Objet : Conduite d'un véhicule avec un téléphone portable tenu en main.

- Objet : Franchissement d'un feu au rouge fixe

- Objet : Non-port de la ceinture de sécurité.

Multiples infractions :
(Raccourci)
- Objet : Multiples infractions au Code de la route.

(Détail)
- Objet :   Franchissement d'un feu au rouge fixe
            Conduite d'un véhicule avec téléphone portable tenu en main
            Non-port de la ceinture de sécurité.

RAPPEL de la méthodologie du rapport : Les articles que vous visez dans les « VU » (en dernier de la première page de présentation) doivent avoir **un lien direct avec l'objet** selon les infractions que vous constatez

Le ou les articles de loi prévoyants et réprimant l'infraction doivent y être reportés scrupuleusement et **UNIQUEMENT** les articles en rapport avec les infractions traitées.

Vous aurez plusieurs articles joints au rapport, il y en a souvent quelques-uns qui n'ont rien à voir avec la choucroute et vous font risquer le hors sujet.

ATTENTION À BIEN SÉLECTIONNER

LES ARTICLES EN RAPPORT DIRECT AVEC L'INFRACTION TRAITÉE, DONC L'OBJET.

LES AUTRES ARTICLES SONT EN RAPPORT AVEC VOS DILIGENCES.

- **LE CORPS DU RAPPORT**

En règle générale commencez le rapport sur la seconde page de concours (intérieure) par la phrase type par excellence qui est dans tous les cas présente :

« Avons l'honneur de vous rendre compte des faits suivants »

(Le « NOUS » étant déjà mis dans la phrase de départ « Nous, Gardien xxxx » il n'est pas utile de le rajouter.)

La suite se déroule selon la logique de progression du « film » de votre intervention.

*(**RAPPEL de la méthodologie** : Vous rédigez au présent comme si l'action se déroulait en ce moment, n'oubliez pas que même si vous êtes le seul intervenant, vous utilisez toujours le « NOUS »)*

LA SITUATION INITIALE

Quelle heure il est, le lieu où vous vous trouvez et ce que vous êtes en train de faire au moment où on vous demande d'intervenir :

Cas généraux :

- Ce jour, à XXhXX, sommes de patrouille *portée** en notre commune.
- Ce jour, à XXhXX, sommes de patrouille portée dans la rue xxxx, en notre commune
- Ce jour, à XXhXX, sommes de patrouille pédestre en notre commune.
- Ce jour, à XXhXX, sommes de patrouille pédestre dans la rue xxxx, en notre commune.
- Ce jour, à XXhXX, sommes de patrouille VTT dans la rue xxxx, en notre commune.
- Ce jour, à XXhXX, sommes de patrouille VTT en notre commune.
- Ce jour, à XXhXX, sommes de patrouille motorisée dans la rue xxxx, en notre commune.
- Ce jour, à XXhXX, sommes de patrouille motorisée en notre commune.
- Ce jour, à XXhXX, sommes de patrouille équestre dans la rue xxxx, en notre commune.
- Ce jour, à XXhXX, sommes de patrouille équestre en notre commune.
- Ce jour, à XXhXX, sommes de patrouille en notre commune.

Il est également possible de ne mettre l'heure que sur la phrase d'après, dans ce cas-là nous mettrons :

- Ce jour, sommes de patrouille *portée** en notre commune.
- Ce jour, sommes de patrouille portée dans la rue xxxx, en notre commune
- Ce jour, sommes de patrouille pédestre en notre commune.
- Ce jour, sommes de patrouille pédestre dans la rue xxxx, en notre commune.
- Ce jour, sommes de patrouille VTT dans la rue xxxx, en notre commune.
- Ce jour, sommes de patrouille VTT en notre commune.
- Ce jour, sommes de patrouille motorisée dans la rue xxxx, en notre commune.
- Ce jour, sommes de patrouille motorisée en notre commune.
- Ce jour, sommes de patrouille équestre dans la rue xxxx, en notre commune.
- Ce jour, sommes de patrouille équestre en notre commune.
- Ce jour, sommes de patrouille en notre commune.

Cas particulier *(que vous pourriez rencontrer selon la précision de votre affectation en brigade)*

(**Portée :* en véhicule)

❖ MOTIF DE VOTRE INTERVENTION

Si vous avez mis l'heure dans la phrase précédente, ne la répétez pas de suite.

- Sommes requis par notre Station Directrice* qui nous demande de nous transporter dans la rue xxxx, pour xxxx *(raison)*

- Sommes requis par (une femme, un homme, un adolescent, un enfant) qui nous informe que dans la rue XXXX il se produirait** xxxx fait..

Si vous n'avez pas mis l'heure dans la phrase précédente, vous la mettez tout de suite.

- À XXhXX, Sommes requis par notre Station Directrice* qui nous demande de nous transporter dans la rue xxxx, pour xxxx *(raison)*

- À XXhXX, Sommes requis par (une femme, un homme, un adolescent, un enfant) qui nous informe que dans la rue XXXX il se produirait** xxxx fait..

Si vous constatez les faits de vous-même :

Si vous avez mis l'heure dans la phrase précédente

- Notre attention est attirée par xxxxxxxxxxx

Si vous n'avez pas mis l'heure dans la phrase précédente

- À XXhXX, notre attention est attirée par xxxxxxxxxxx

(* Station Directrice : vous pouvez avoir plusieurs déclinaisons de l'appellation de la base radio avec qui vous êtes en relation : Station Directrice, Poste Central, Centre de Supervision Urbain, choisissez celle du sujet ou une que vous appréciez si elle n'est pas précisée.)

*(**Produirait : utilisez le conditionnel lorsque l'information que vous avez, est de **source autre que vos propres constatations**, le **fait n'étant alors qu'une probabilité**.)*

❖ LES CONSTATATIONS SUR PLACE

Partez sur cette base simple :
*(Ne réutilisez pas le « nous, » il est déjà présent au début du rapport (vous vous souvenez ? Mais si !! **La phrase type, à apprendre par cœur !!!**))*

« **Nous**, Gardien XXXX, assisté des Gardiens ZZZZ et YYYY du service. (etc..) »

Donc partez comme suit pour décrire la première image que vous voyez (constatons)

Sur place, constatons xxxxxxxxxxxxxx….

Il n'y a pas réellement de phrases type pour décrire vos constatations, utilisez des mots simples, rapides et **FAITES DES PHRASES COURTES.**

Exemples *(dans diverses situations)* :

- Sur place, constatons la présence des Sapeurs-Pompiers, de la Police Nationale (ou Gendarmerie) de xx véhicules. xx individus

- Sur place, constatons …..(Toute sorte de choses mais restez basique sur l'image fixe que vous voyez, ayez toujours à l'esprit de faire des phrases courtes.)

!!! LA PHRASE DE CONSTATATION EST OBLIGATOIRE !!!

!!! ET FAIT PERDRE ENVIRON 3 POINTS SI ELLE MANQUE !!!

!!! IL FAUT CONSTATER IMPERATIVEMENT L'INFRACTION !!!

❖ LES MESURES PRISES

Sachez qu'il existe autant de mesures à prendre qu'il existe d'interventions et de cas à traiter autant dire qu'il est quasiment impossible de tout décrire et résumer, tant la liste est aussi longue qu'il existe de situations dans la vie courante (jamais les mêmes selon le contexte.)

Partez du principe que quand vous effectuez une action, vous l'écrivez.

Restez dans la simplicité et reportez-vous aux faits et uniquement à eux, ne faites pas de longues phrases explicatives (pensez au procureur ou à votre correcteur, qui ne doit pas se perdre dans votre explication.)

Dans le cadre du concours on pourra vous demander de « relater vos diligences », ce qui veut dire, « expliquez ce que vous faites sur place ».

Le maître mot est **RESTER SIMPLE, SUCCINCT, RÉALISTE**, et faire **DES PHRASES COURTES et bien MINUTER VOS ACTIONS.**

> - À XXhXX, (en chiffre) prenons contact avec les individus
> - À XXhXX, effectuons un périmètre de sécurisation à l'aide de Rubalise*.
> - À XXhXX, effectuons un périmètre de sécurisation à l'aide de cônes de lubek**.
> - À XXhXX, effectuons une régulation de la circulation aux angles des rues XXX et YYY, ce afin (d'éviter le suraccident, empêcher les passants d'emprunter la chaussée, etc.).
> - À XXhXX, (tout ce que vous vous devez de faire dans votre logique d'intervention.)

* Rubalise : Bande de ruban de signalisation :

** Cônes de lubek : Désigne les cônes de « Chantier » que Vous pouvez voir un peu partout dans la ville

- **BESOIN EN INTERVENANTS EXTÉRIEURS**

Dans certains cas, vous aurez besoin de renforts extérieurs qui viendront faire les choses ou vous n'avez aucunes compétences :

- **Police Nationale** (ou **Gendarmerie**) : en cas d'accident corporel ou de flagrant délit, de cambriolage, etc.. (Liste non exhaustive)

- **Sapeurs-Pompiers** : en cas d'accident corporel, d'incendie, de secours à victime (etc..)

- **Dépanneuse** : si les propriétaires des véhicules accidentés ne peuvent faire procéder au retrait de leur véhicule de la chaussée par leur assurance respective, en cas d'accident corporel, laissez la police nationale se charger de les prévenir (préservation des traces et indices possible)

- **Voirie** : pour procéder au nettoyage des débris sur la chaussée.

- **Services techniques de la Mairie** : pour refermer une porte cassée, une vitre brisée (etc..)

- **ERDF, GRDF** : pour couper le gaz ou l'électricité au besoin

- **Service de capture** animalier, etc..

- **APPEL DES INTERVENANTS EXTÉRIEURS**

Selon le moyen de communication donné par le sujet :

> - Par l'intermédiaire de notre radio (ou téléphone de service), demandons à notre poste central de contacter…
> - Par l'intermédiaire de notre poste central, informons l'officier de police judiciaire territorialement compétent des faits, ce dernier……

(* N'hésitez pas à demander tout en même temps, cela vous fera gagner du temps pendant la rédaction du rapport et vous aidera pour la suite qui sera l'ordre d'arrivée des intervenants demandés.)

- **L'ARRIVÉE DES INTERVENANTS EXTÉRIEURS**

Phrase type à apprendre par cœur (N'oubliez pas les heures)

> - À XXhXX, Arrivée des Sapeurs-Pompiers, relatons les faits au chef d'agrès*, qui prend en charge la victime.
> - À XXhXX, Arrivée des Sapeurs-Pompiers, relatons les faits au chef d'agrès*, qui prend en charge l'incendie.
> - À XXhXX, arrivée de l'équipage de la Police Nationale, relatons les faits au Chef de bord**, qui prend en charge l'affaire.

(Chef d'agrès : terme spécifique du « Chef du véhicule » des Sapeurs-Pompiers, fonction quasi identique au « Chef de bord** » de la Police Nationale ou de la Gendarmerie.)*

Les Arrivées autres intervenants :

> - À XXhXX, Arrivée de la dépanneuse, qui prend en charge les véhicules.
> - À XXhXX, Arrivée de la voirie, qui procède au déblaiement de la chaussée.

Quel que soit l'intervenant contacté, il vous faut impérativement signaler son arrivée sur le rapport ainsi que ce qu'il est venu faire sur les lieux.

- **LE DÉPART DES INTERVENANTS EXTÉRIEURS**

Il est très important de signaler sur le rapport le départ des intervenants (au même titre que leur arrivée) et le lieu où ils se rendent.

Pour signaler au procureur ou à votre correcteur, que vous faites votre travail jusqu'au bout, vous démontrez ainsi une capacité à vous soucier de la suite des évènements et surtout de pouvoir répondre à la question si quelqu'un vous demande quelque chose.

Exemples de demandes possibles après votre intervention :

« Bonjour, où est mon fils, mon chien, mon cheval, mon sac à main, mon grand-père ? Qui a les clefs de l'appartement de mon grand-père la clef de ma voiture, ou est-elle garé ? »

Si vous ne pouvez pas avoir la réponse à ce genre de questions, vous avez mal fait votre boulot.

Dans le rapport, vous mettrez ce genre de phrases

> - À XXhXX, départ des Sapeurs-Pompiers, qui transportent la victime sur l'hôpital XXXXX, le chef d'agrès se charge de prévenir la famille*
> - À XXhXX, départ des Sapeurs-Pompiers. *(Cas d'incendie maîtrisé et lieux sécurisé)*
> - À XXhXX, départ de l'équipage de la Police Nationale. *(Si affaire ne nécessitant pas de suite importante)*
> - À XXhXX, départ de l'équipage de la Police Nationale, qui transporte l'individu sur le commissariat de XXXX pour mise à disposition à Monsieur l'Officier de Police Judiciaire Territorialement Compétent**
> - À XXhXX, départ de la dépanneuse, qui transporte les véhicules vers le (garage, fourrière etc.)
> - À XXhXX, départ de la voirie, la chaussée est propre et dégagée.
> - À XXhXX, départ des services techniques de la Mairie.

(* Prévenir la famille : vous pouvez le faire en tant que Policier Municipal, mais pour le concours, rabattez-vous sur le fait de le faire effectuer par vos intervenants pour être plus succinct dans vos écrits et gagner du temps.)

(** Officier de Police Judiciaire Territorialement compétent EN TOUTES LETTRES au moins une fois dans le rapport.)

- **VOTRE DÉPART**

Une fois que tout ce petit monde sera parti des lieux, vous êtes **LE DERNIER** à quitter les lieux.

Il ne faut pas oublier certaines choses importantes comme le rétablissement de la circulation, la récupération des « outils » qui ont été nécessaires au balisage et à la sécurisation des lieux.

- Informons notre Poste Central des faits et quittons les lieux.

❖ MENTIONS COMPLÉMENTAIRES

Dans votre rapport vous aurez à préciser certaines identités, des immatriculations de véhicules, des témoins, et tout relevé important à préciser (il ne sert à rien de les marquer dans le corps du rapport cela vous fait trop perdre de temps dans la rédaction de celui-ci en concours).

Vous pouvez également être amenés à prendre des photos ou à remettre un ou des objets à l'Officier de Police Judiciaire.

Lorsque vous avez ce genre de chose à reporter, précisez dans le corps du rapport « voir mention complémentaire » pour diriger votre lecteur sur l'endroit où il pourra trouver le détail.

Exemple

- Prenons des Cliché photographiques de XXXXXX (Voir Planche Photographique)
- Remettons.. *(L'objet récupéré)* à l'Officier de Police Judiciaire, le chef de bord de la Police Nationale ou Gendarmerie (Voir Pièce jointe)

Cette phrase étant dans le corps même de votre rapport il vous faudra ne pas oublier de reporter toutes ces informations après votre départ des lieux, comme, par exemple :

Identité du mis en cause (remis par la Police Nationale) : Nom : xx prénom : xx date de naissance : xx Lieu de naissance : xx Adresse : xx

Informations du conducteur : Nom : xx Prénom : xx Date de naissance : xx lieu de naissance : xx, Adresse : xx permis de conduire n° xx : délivré le xx : à : xx

Informations du véhicule : Marque : xx Type : xx Immatriculation : xx Assurance n° : xx Compagnie : xx transporté sur le garage ou stationné à tel endroit.

Informations témoin : Nom : xx prénom : xx date de naissance : xx Lieu de naissance : xx Adresse : xx Téléphone : xx

Information victime : Nom : xx prénom : xx date de naissance : xx Lieu de naissance : xx Adresse : xx Transporté sur l'hôpital : xx

Famille prévenue par xx *(Police Nationale, Sapeurs-Pompiers)*

Pièce jointe : xx couteau, xx sac à main contenant xx (inventaire du contenu)

Planche photographique : xx photos

S'il y a plusieurs personnes, n'hésitez pas à reporter juste leurs noms dans le corps du rapport pour que le correcteur, le procureur et vous aussi, puissiez-vous y retrouver.

Si vous n'avez aucune identité, type de véhicule, immatriculation (etc.) fournie par le sujet, n'inventez rien, laissez la « case » blanche.

Exemple : après « immatriculation » laissez la case blanche, montrez juste au correcteur que vous avez pensé à mettre ces informations

**CERTAINS NOMS « FANTAISISTES »
POURRAIENT ETRE PRIS POUR UN SIGNE DISTINCTIF
ET DONC ANNULER LA COPIE,
AUTANT NE RIEN INVENTER.**

> **FIN DU RAPPORT**

La logique purement policière dicte que vous alliez en direction de votre service pour rédiger le rapport de votre intervention :

Phrase type à apprendre par cœur également :

> De retour en notre service, rédigeons le présent
> Fait et clos ce jour

❖ SIGNATURES

La signature de **TOUS** les intervenants du **SERVICE FICTIF DONNE PAR LE SUJET** est impérative, la procédure serait tout bonnement annulée par un bon avocat s'il en manque une seule telle que vous apprenez à rédiger.

(Dans la réalité d'une véritable procédure, c'est le rédacteur qui signe de manière unique, car normalement c'est un rapport par agent… Mais pour une question de praticité, un rapport pour tous est pratiqué, ce qui est une mauvaise habitude…)

Si votre rapport ne comporte aucune signature, il sera tout bonnement ANNULE car caduque sur la forme.
Mais si vous signez de façon fantaisiste… **ANNULATION** aussi

> **Signatures :**
> Le Gardien XXXX Le Brigadier YYYY Le Gardien ZZZZ

!! ET RIEN DE PLUS POUR LES SIGNATURES !!

> Signez du **GRADE ET NOM DE (S) L'AGENT (S) DICTE (S) PAR LE SUJET**
>
> Il est **INTERDIT DE SIGNER SON PROPRE NOM**
>
> Il est **INTERDIT DE FAIRE UN GRIBOUILLIS**
>
> ATTENTION !!!!! Vaut une **ANNULATION DE COPIE**
>
> **POUR SIGNE DISTINCTIF !!!**

❖ TRANSMISSIONS

Une fois que vous avez signé, il vous faut préciser à qui vous envoyez le rapport, même si c'est déjà présent au début, il faut **impérativement remettre cette information ici.**

> **TRANSMISSIONS :**
> - Monsieur l'Officier de Police Judiciaire Territorialement Compétent
> - Monsieur le Procureur de la République
> - Monsieur le Maire
> - Archives du service.

Votre rapport est donc censé être terminé.

➢ LA CAMERA INDIVIDUELLE

Créé par **LOI n°2018-697 du 3 août 2018 - art. 3** et **mis en application** par **le Décret n°2019-140 du 27 février 2019**, **l'Article L241-2 du code de la sécurité intérieure** officialise le port de la caméra individuelle aux Policier Municipaux.

L'article en question et ce que vous pouvez en retenir :

Article L241-2 du code de la sécurité intérieure

Dans l'exercice de leurs missions de prévention des atteintes à l'ordre public et de protection de la sécurité des personnes et des biens ainsi que de leurs missions de police judiciaire, **les agents de police municipale peuvent être autorisés**, par le représentant de l'État dans le département, **à procéder en tous lieux, au moyen de caméras individuelles**, à un ENREGISTREMENT AUDIOVISUEL DE LEURS INTERVENTIONS LORSQUE SE PRODUIT OU EST SUSCEPTIBLE DE SE PRODUIRE UN INCIDENT, eu égard aux circonstances de l'intervention ou au comportement des personnes concernées.

L'enregistrement n'est pas permanent.

Les enregistrements ont pour finalités la prévention des incidents au cours des interventions des agents de police municipale, le constat des infractions et la poursuite de leurs auteurs par la collecte de preuves ainsi que la formation et la pédagogie des agents.

LES CAMERAS SONT PORTÉES DE FAÇON APPARENTE par les agents. Un signal visuel spécifique indique si la caméra enregistre. **LE DÉCLENCHEMENT DE L'ENREGISTREMENT FAIT L'OBJET D'UNE INFORMATION DES PERSONNES FILMÉES**, sauf si les circonstances l'interdisent. Une information générale du public sur l'emploi de ces caméras est organisée par le ministre de l'intérieur. **LES PERSONNELS AUXQUELS LES CAMERAS INDIVIDUELLES SONT FOURNIES NE PEUVENT AVOIR ACCÈS DIRECTEMENT AUX ENREGISTREMENTS AUXQUELS ILS PROCÈDENT.**

Les enregistrements audiovisuels, hors le cas où ils sont utilisés dans le cadre d'une procédure judiciaire, administrative ou disciplinaire, sont effacés au bout de six mois.

L'autorisation mentionnée au premier alinéa est subordonnée à la demande préalable du maire et à l'existence d'une convention de coordination des interventions de la police municipale et des forces de sécurité de l'État prévue à la section 2 du chapitre II du titre Ier du livre V du présent code.

Lorsque l'agent est employé par un établissement public de coopération intercommunale et mis à disposition de plusieurs communes dans les conditions prévues au premier alinéa de l'article L. 512-2, cette demande est établie conjointement par l'ensemble des maires des communes où il est affecté.

Les projets d'équipements des polices municipales en caméras individuelles sont éligibles au fonds interministériel pour la prévention de la délinquance défini à l'article 5 de la loi n° 2007-297 du 5 mars 2007 relative à la prévention de la délinquance.

Les modalités d'application du présent article et d'utilisation des données collectées sont précisées par un décret en Conseil d'État, pris après avis publié et motivé de la Commission nationale de l'informatique et des libertés.

Concrètement, cela s'utilise comment ?

L'article L241-2 du code de la sécurité intérieure établi que :

- **L'enregistrement audiovisuel est possible lorsque se produit ou est susceptible de se produire un incident.**

    Vous pouvez, et devez, allumer la caméra dès que vous êtes informés ou que vous constatez qu'une infraction ou une action se produit et vous devez préciser le moment ou la caméra est mise en fonction.

- **Les caméras sont portées de façon apparente par les agents.**

    Vous <u>devez préciser quel agent</u> porte la caméra.

- **Le déclenchement de l'enregistrement fait l'objet d'une information des personnes filmées.**

    Vous <u>devez informer chaque personne,</u> qu'elle fait l'objet d'un enregistrement vidéo. (Elle ne peut pas s'y opposer).

- **Les personnels auxquels les cameras individuelles sont fournies ne peuvent avoir accès directement aux enregistrements auxquels ils procèdent.**

    Vous ne <u>pouvez en aucun cas</u>, avoir accès personnellement aux enregistrements, seul un officier de police judiciaire peu les extraire ou demander aux personnes habilitées à les extraire pour les besoins de son enquête.
    Vous ne mettez <u>en aucun cas</u> votre enregistrement en pièce jointe de votre rapport. (l'OPJ viendra le chercher)

Donc lorsque quelqu'un vous requiert cela donne ceci sur un rapport (et donc dans la vie réelle aussi).

<u>Plusieurs cas possibles :</u>

- Quelqu'un dans la rue se présente et vous informe d'un évènement :

    > Ce jour, à telle heure, sommes requis par …..
    >
    > L'agent bidule, porteur de la caméra individuelle procède à l'allumage de cette dernière.

- Votre poste central vous requiert :

    > Ce jour à XXhXX, sommes requis par notre poste central pour…… Blabla.
    >
    > L'agent machin, porteur caméra individuelle, procède à l'allumage de cette dernière.
    >
    > Arrivés sur place, constatons.... Blabla

- Vous tombez sur une intervention :

    > Ce jour à XXhXX, sommes de patrouille de surveillance générale en notre commune.
    >
    > Constatons, à hauteur de… un fait de…
    >
    > L'agent machin, porteur caméra individuelle, procède à l'allumage de cette dernière.

**LORSQUE QUELQU'UN VOUS REQUIERT
Ou
QUE VOUS TOMBEZ SUR UNE INTERVENTION
=
ALLUMAGE IMMÉDIAT CAMERA.**

Ensuite, lorsque vous êtes en présence d'une personne, chaque personne doit être informée qu'elle fait l'objet d'un enregistrement vidéo.

Cela donne ceci sur un rapport (et donc dans la vie réelle aussi) :

<u>Plusieurs cas possibles :</u>

- Quelqu'un dans la rue se présente et vous informe d'un évènement :

> Ce jour, à telle heure, sommes requis par …..
>
> L'agent bidule, porteur de la caméra individuelle procède à l'allumage de cette dernière.
>
> Informons immédiatement la requérante qu'elle fait l'objet d'un enregistrement vidéo et l'invitons à relater les faits qu'elle désire porter à notre connaissance.
>
> La femme nous informe qu'elle…… Blabla

- Votre poste central vous requiert :

> Ce jour à XXhXX, sommes requis par notre poste central pour…… Blabla.
>
> L'agent machin, porteur caméra individuelle, procède à l'allumage de cette dernière.
>
> Arrivés sur place, constatons un individu qui..Blabla
>
> Mettons pieds à terre (si en véhicule).
>
> Prenons contact avec ce dernier et l'informons immédiatement qu'il fait l'objet d'un enregistrement vidéo

- Vous tombez sur une intervention :

> Ce jour à XXhXX, sommes de patrouille de surveillance générale en notre commune.
>
> Constatons, à hauteur de… un fait de…
>
> L'agent machin, porteur caméra individuelle, procède à l'allumage de cette dernière.
>
> Mettons pieds à terre (si en véhicule).
>
> Prenons contact avec le contrevenant et l'informons immédiatement qu'il fait l'objet d'un enregistrement vidéo

- Vous avez plusieurs personnes à des moments différents :

> Ce jour à XXhXX, sommes de patrouille de surveillance générale en notre commune.
> Constatons, à hauteur de… un fait de…
>
> L'agent machin, porteur caméra individuelle, procède à l'allumage de cette dernière.
>
> Mettons pieds à terre (si en véhicule).
>
> A XXhXX, appréhendons le mis en cause et l'informons immédiatement qu'il fait l'objet d'un enregistrement vidéo
>
> Prenons contact avec la victime et l'informons immédiatement qu'il fait l'objet d'un enregistrement vidéo

**LORSQUE QUELQU'UN VOUS REQUIERT
Ou
QUE VOUS TOMBEZ SUR UNE INTERVENTION
=
ALLUMAGE IMMÉDIAT CAMERA.
+
INFORMATION DE TOUTE PERSONNE FILMÉE**

Vous relatez vos diligences habituelles et vous rajoutez encore des informations relatives à la caméra individuelle auprès de l'Officier de police judiciaire ou du chef de bord de la police Nationale ou de la Gendarmerie.

Cela donne ceci sur un rapport (et donc dans la vie réelle aussi) :

Plusieurs cas possibles :

- Officier de police judiciaire sur place ou vous êtes devant lui au Commissariat/Brigade

> Informons l'Officier de Police Judiciaire de l'existence d'un enregistrement vidéo de l'intervention et que ce dernier reste à sa disposition en notre service.

- Chef de bord PN/GN sur place

> Informons le chef de bord de la Police nationale (ou de la Gendarmerie) de l'existence d'un enregistrement vidéo de l'intervention et que ce dernier reste à disposition de l'Officier de Police Judiciaire en notre service.

**LORSQUE QUELQU'UN VOUS REQUIERT
Ou
QUE VOUS TOMBEZ SUR UNE INTERVENTION
=
ALLUMAGE IMMÉDIAT CAMERA.
+
INFORMATION DE TOUTE PERSONNE FILMÉE
+
INFORMATION OPJ ou CHEF DE BORD PN/GN DE L'EXISTENCE D'UN ENREGISTREMENT VIDÉO**

Pour finir, vous devez signaler l'extinction de la caméra lorsque vous n'êtes plus en vue des lieux ou de la personne qui est impliquée dans votre intervention.

Cela donne ceci sur un rapport (et donc dans la vie réelle aussi) :

Dans tous les cas :

- Vous êtes dans la rue ou au Commissariat/Brigade

> Quittons les lieux et procédons à l'extinction de notre caméra individuelle

**LORSQUE QUELQU'UN VOUS REQUIERT
Ou
QUE VOUS TOMBEZ SUR UNE INTERVENTION
=
ALLUMAGE IMMÉDIAT CAMERA.
+
INFORMATION DE TOUTE PERSONNE FILMÉE
+
INFORMATION OPJ ou CHEF DE BORD PN/GN DE L'EXISTENCE D'UN ENREGISTREMENT VIDÉO
+
EXTINCTION LORSQUE VOUS QUITTEZ LES LIEUX**

EN AUCUN CAS ON NE MET L'ENREGISTREMENT EN PIÈCE JOINTE, seul l'Officier de Police Judiciaire ou un procureur ou un juge, est Juridiquement agréé pour demander l'extraction vidéo.

POUR INFORMATION ET RAPPEL :

- Inutile de préciser au départ que vous êtes porteurs de la caméra, Elle se marque uniquement à l'allumage.

C'est comme pour votre armement, le sujet vous dit que vous l'avez, c'est juste une info pour dire de quel matériel vous disposez.

N'allez pas mettre :

> Ce jour, sommes de patrouille portée avec matraque, tonfa, caméra, masque de Zorro, gel hydroalcoolique (à ne pas boire), poussin carnivore et porte-jarretelles.
>
>

Le correcteur et le procureur s'en battent les steaks du matos que vous portez au départ.

> **Ce qui est important c'est la manière d'utiliser les outils que vous avez à disposition.**

- Ce n'est pas parce que vous avez des menottes ou un flingue dans le sujet que vous allez devoir les utiliser.

> Pour la caméra, elle est systématiquement allumée (et le reste)
> **UNIQUEMENT SI ELLE EST MARQUÉE DANS LE SUJET.**

Elle reste un outil qu'il n'est pas nécessaire de préciser au départ.

Il faut juste préciser :

- Sa mise en fonction
- Prévenir les gens qu'ils sont filmés
- Prévenir OPJ que l'enregistrement de l'intervention est à disposition OPJ au poste de Police Municipale.
- Son extinction

> # ATTENTION
> **SI LE SUJET NE PRÉCISE PAS QU'IL Y A UNE CAMERA,**
> **NE PAS L'UTILISER,**
> **AU PIRE CELA FERA PERDRE DES POINTS,**
> **AU MIEUX VOUS N'EN GAGNEREZ PAS**
> **PUISQUE CE N'EST PAS DANS LE SUJET**

> **ET BIEN ENTENDU,**
> **NE PAS OUBLIER DE CITER**
> **L'ARTICLE L241-2 DU CODE DE LA SÉCURITÉ INTÉRIEURE**
> **Ou du numéro de décret + l'article L241-2 du CSI**
> **DANS LES « VU »**
> **SI LA CAMERA EST PRÉSENTE.**

➢ LES TEXTES A CONNAÎTRE

Il y a des articles que vous devriez connaître afin de gagner du temps sur la lecture des annexes fournies.

Vos compétences de base :

> **À MARQUER DANS LES "VU" OBLIGATOIREMENT MÊME SI PAS CITE DANS LES ANNEXES**

Article 21.2° Code de procédure pénale
Obligation de rendre compte à un officier de police judiciaire de la police nationale ou de la gendarmerie nationale territorialement compétent de tous crimes, délits ou contraventions dont ils ont connaissance.

Article 429 Code de procédure pénale
Tout procès-verbal ou rapport n'a de valeur probante que s'il est régulier en la forme, si son auteur a agi dans l'exercice de ses fonctions et a rapporté sur une matière de sa compétence ce qu'il a vu, entendu ou constaté personnellement.
Tout procès-verbal d'interrogatoire ou d'audition doit comporter les questions auxquelles il répond

Les Articles L511-1 et suivants du Code de la sécurité intérieure (vos compétences de base)
Réunis l'ensemble de vos compétences en tant que Policier Municipal.

Les articles à placer selon le sujet :

Article 53 Code de procédure pénale (Flagrant délit)
Est qualifié crime ou délit flagrant le crime ou le délit qui se commet actuellement, ou qui vient de se commettre. Il y a aussi crime ou délit flagrant lorsque, dans un temps très voisin de l'action, la personne soupçonnée est poursuivie par la clameur publique, ou est trouvée en possession d'objets, ou présente des traces ou indices, laissant penser qu'elle a participé au crime ou au délit.

Article 73 Code de procédure pénale (Ce qu'on fait avec un flagrant délit)
Dans les cas de crimes ou de délit flagrant puni de peine d'emprisonnement, toute personne a qualité pour en appréhender l'auteur et le conduire devant l'Officier de Police Judiciaire le plus proche.

Article 803 Code de procédure pénale (Menottage)
Nul ne peut être soumis au port des menottes ou des entraves que s'il est considéré soit comme dangereux pour autrui ou pour lui-même, soit comme susceptible de tenter de prendre la fuite.
Dans ces deux hypothèses, toutes mesures utiles doivent être prises, dans les conditions compatibles avec les exigences de sécurité, pour éviter qu'une personne menottée ou entravée soit photographiée ou fasse l'objet d'un enregistrement audiovisuel.

Article L241-2 du Code de la sécurité intérieure (Caméra individuelle)
Prévoit l'utilisation de la caméra individuelle lors d'une intervention.

Article 78-6 code de procédure pénale (Relevé d'identité)
Prévoit la possibilité de relever l'identité d'un contrevenant (uniquement pour une contravention de votre compétence).

II – SUJET DE RAPPORT D'ENTRAÎNEMENT

RAPPORT 01 - MISE EN BOUCHE – (voir le sommaire pour page de la correction)

Dans ce rapport, vous allez apprendre à penser comme un policier, regardez l'image, étudiez-la, même sur plusieurs jours.

Notez chaque détail qu'un policier doit prendre en compte dans son intervention.

Pas de chronomètre nécessaire sur cet exercice.

> Vous êtes le gardien Machin, assisté du gardien Bidule
>
> Vous êtes de surveillance générale à bord du véhicule TV208 en votre commune de BONNEVILLE
>
> Il est 16h00, vous êtes requis par votre poste central, pour un accident de la circulation qui se serait produit quai Jacquier.
>
> Vous arrivez sur place et vous constatez... cette scène.
> Le bord du quai est une voie ouverte à la circulation routière.
> Madame CRUCHE n'est pas blessée.
>
> Conductrice :
> Madame CRUCHE Cunégonde, né le 12.05.1957 à Libreville. Résidant 9 rue de la chapelle Bonneville.
>
> Information véhicule :
> Ford Crow, immatriculé AA-123-BB
> Assurance n° 123456 auprès de MONASSURANCE
>
> Information bateau :
> Propriétaire Monsieur PASDEBOL Matt, né le 14.12.1965 à Bonneville, résidant au 15 rue Smith à Bonneville.

Prenez votre temps et pensez à tout ce qu'il faut penser en tant que policier.
Relatez vos diligences SOUS FORME DE RAPPORT et **sans aide, sans modèle.**
Pensez à tout ce qu'un policier doit penser et faire.
Faites le rapport tel que vous le feriez naturellement, cela vous donnera une base de votre niveau.

RAPPORT 02 – LA MAIN DANS LE SAC
(Voir le sommaire pour page de la correction)

Sans chronomètre, aidez-vous du livre de méthodologie du rapport,
Prenez votre temps.

Vous êtes le Gardien-Brigadier J'ASSURE jean, accompagné des gardiens-brigadiers PAYER Amanda et ISSE Paul.

Vous êtes armés d'une bombe lacrymogène, d'une matraque télescopique et d'un pistolet.

Vous disposez d'une caméra individuelle

Vous êtes en patrouille pédestre dans l'enceinte du marché sur la place de la Grande Truanderie dans la ville de Bonneville.

Durant votre patrouille, à 8 h 00 vous constatez une jeune femme mettant sa main dans les poches des gens qu'elle croise.

Elle sort un portefeuille de la poche d'un homme.

Vous intervenez immédiatement

Relatez vos diligences.

Victime :
Monsieur Jean SAISRIEN né le 12.05.1957 à Libreville. Résidant 9 rue de la chapelle Bonneville.

Mis en cause :
Madame Louise CESTPASMOI, née le 31.03.2000 a Bonneville, résidant 8 allée des voleurs, Bonneville.

ARTICLES ANNEXES
Rapport 02

Attention, il y a peut-être des pièges dans les articles, ou pas…
Aidez-vous du fascicule, prenez votre temps

Article 73 Code de procédure pénale

Dans les cas de crime flagrant ou de délit flagrant puni d'une peine d'emprisonnement, toute personne a qualité pour en appréhender l'auteur et le conduire devant l'officier de police judiciaire le plus proche.
Lorsque la personne est présentée devant l'officier de police judiciaire, son placement en garde à vue, lorsque les conditions de cette mesure prévues par le présent code sont réunies, n'est pas obligatoire dès lors qu'elle n'est pas tenue sous la contrainte de demeurer à la disposition des enquêteurs et qu'elle a été informée qu'elle peut à tout moment quitter les locaux de police ou de gendarmerie. Le présent alinéa n'est toutefois pas applicable si la personne a été conduite, sous contrainte, par la force publique devant l'officier de police judiciaire.

Article 53 du Code de procédure pénale.

Est qualifié crime ou délit flagrant, le crime ou le délit qui se commet actuellement, ou qui vient de se commettre. Il y a aussi crime ou délit flagrant lorsque, dans un temps très voisin de l'action, la personne soupçonnée est poursuivie par la clameur publique, ou est trouvée en possession d'objets, ou présente des traces ou indices, laissant penser qu'elle a participé au crime ou au délit.

Article 803 code de procédure pénale

Nul ne peut être soumis au port des menottes ou des entraves que s'il est considéré soit comme dangereux pour autrui ou pour lui-même, soit comme susceptible de tenter de prendre la fuite.
Dans ces deux hypothèses, toutes mesures utiles doivent être prises, dans les conditions compatibles avec les exigences de sécurité, pour éviter qu'une personne menottée ou entravée soit photographiée ou fasse l'objet d'un enregistrement audiovisuel.

Article 429 code de procédure pénale

Tout procès-verbal ou rapport n'a de valeur probante que s'il est régulier en la forme, si son auteur a agi dans l'exercice de ses fonctions et a rapporté sur une matière de sa compétence ce qu'il a vu, entendu ou constaté personnellement.
Tout procès-verbal d'interrogatoire ou d'audition doit comporter les questions auxquelles il répond

---

Article 311-1 du Code pénal

Le vol est la soustraction frauduleuse de la chose d'autrui.

Article 311-3 du Code pénal

Le vol est puni de trois ans d'emprisonnement et de 45 000 euros d'amende.

Article 311-4 du Code pénal
Le vol est puni de cinq ans d'emprisonnement et de 75 000 euros d'amende :
1° Lorsqu'il est commis par plusieurs personnes agissant en qualité d'auteur ou de complice, sans qu'elles constituent une bande organisée ;
2° Lorsqu'il est commis par une personne dépositaire de l'autorité publique ou chargée d'une mission de service public, dans l'exercice ou à l'occasion de l'exercice de ses fonctions ou de sa mission ;
3° Lorsqu'il est commis par une personne qui prend indûment la qualité d'une personne dépositaire de l'autorité publique ou chargée d'une mission de service public ;
4° Lorsqu'il est précédé, accompagné ou suivi de violences sur autrui n'ayant pas entraîné une incapacité totale de travail ;
6° Lorsqu'il est commis dans un local d'habitation ou dans un lieu utilisé ou destiné à l'entrepôt de fonds, valeurs, marchandises ou matériels ;
7° Lorsqu'il est commis dans un véhicule affecté au transport collectif de voyageurs ou dans un lieu destiné à l'accès à un moyen de transport collectif de voyageurs ;
8° Lorsqu'il est précédé, accompagné ou suivi d'un acte de destruction, dégradation ou détérioration ;
10° Lorsqu'il est commis par une personne dissimulant volontairement en tout ou partie son visage afin de ne pas être identifiée ;
11° Lorsqu'il est commis dans les établissements d'enseignement ou d'éducation ainsi que, lors des entrées ou sorties des élèves ou dans un temps très voisin de celles-ci, aux abords de ces établissements.
Les peines sont portées à sept ans d'emprisonnement et à 100 000 euros d'amende lorsque le vol est commis dans deux des circonstances prévues par le présent article. Elles sont portées à dix ans d'emprisonnement et à 150 000 euros d'amende lorsque le vol est commis dans trois de ces circonstances.

Article 21 code de procédure pénale
Sont agents de police judiciaire adjoints :
[..]
2° Les agents de police municipale ;
[..]
Ils ont pour mission :
De seconder, dans l'exercice de leurs fonctions, les officiers de police judiciaire ;
De rendre compte à leurs chefs hiérarchiques de tous crimes, délits ou contraventions dont ils ont connaissance ;
De constater, en se conformant aux ordres de leurs chefs, les infractions à la loi pénale et de recueillir tous les renseignements en vue de découvrir les auteurs de ces infractions, le tout dans le cadre et dans les formes prévues par les lois organiques ou spéciales qui leur sont propres ;
De constater par procès-verbal les contraventions aux dispositions du Code de la route dont la liste est fixée par décret en Conseil d'État ainsi que les contraventions prévues à l'article 621-1 du Code pénal.
Lorsqu'ils constatent une infraction par procès-verbal, les agents de police judiciaire adjoints peuvent recueillir les éventuelles observations du contrevenant.

Article L511-1 du code de la sécurité intérieure

Sans préjudice de la compétence générale de la police nationale et de la gendarmerie nationale, les agents de police municipale exécutent, dans la limite de leurs attributions et sous son autorité, les tâches relevant de la compétence du maire que celui-ci leur confie en matière de prévention et de surveillance du bon ordre, de la tranquillité, de la sécurité et de la salubrité publiques.

Ils sont chargés d'assurer l'exécution des arrêtés de police du maire et de constater par procès-verbaux les contraventions auxdits arrêtés. Sans préjudice des compétences qui leur sont dévolues par des lois spéciales, ils constatent également par procès-verbaux les contraventions aux dispositions du Code de la route [..] ainsi que les contraventions mentionnées au livre VI du Code pénal dont la liste est fixée par décret en Conseil d'État, dès lors qu'elles ne nécessitent pas de leur part d'actes d'enquête et à l'exclusion de celles réprimant des atteintes à l'intégrité des personnes.

Ils sont habilités à établir l'avis de paiement prévu à l'article L. 2 333-87 du Code général des collectivités territoriales.

Ils peuvent également constater par rapport le délit prévu par l'article L. 126-3 du code de la construction et de l'habitation.

Ils exercent leurs fonctions sur le territoire communal [..]

Affectés sur décision du maire à la sécurité d'une manifestation sportive, récréative ou culturelle mentionnée à l'article L. 613-3 du présent code ou à celle des périmètres de protection institués en application de l'article L. 226-1 ou à la surveillance de l'accès à un bâtiment communal, ils peuvent procéder à l'inspection visuelle des bagages et, avec le consentement de leur propriétaire, à leur fouille. Ils peuvent également procéder, avec le consentement exprès des personnes, à des palpations de sécurité. Dans ce cas, la palpation de sécurité doit être effectuée par une personne de même sexe que la personne qui en fait l'objet.

Affectés par le maire à des missions de maintien du bon ordre au sein des transports publics de voyageurs, les agents de police municipale peuvent constater par procès-verbaux les infractions mentionnées à l'article L. 2241-1 du code des transports sur le territoire de la commune ou des communes formant un ensemble d'un seul tenant [..] sans pouvoir excéder le ressort du tribunal auprès duquel ils ont prêté serment.

Article L241-2 du code de la sécurité intérieure

Dans l'exercice de leurs missions de prévention des atteintes à l'ordre public et de protection de la sécurité des personnes et des biens ainsi que de leurs missions de police judiciaire, les agents de police municipale peuvent être autorisés, par le représentant de l'État dans le département, à procéder en tous lieux, au moyen de caméras individuelles, à un enregistrement audiovisuel de leurs interventions lorsque se produit ou est susceptible de se produire un incident, eu égard aux circonstances de l'intervention ou au comportement des personnes concernées.

L'enregistrement n'est pas permanent.

Les enregistrements ont pour finalités la prévention des incidents au cours des interventions des agents de police municipale, le constat des infractions et la poursuite de leurs auteurs par la collecte de preuves ainsi que la formation et la pédagogie des agents.

Les caméras sont portées de façon apparente par les agents. Un signal visuel spécifique indique si la caméra enregistre. Le déclenchement de l'enregistrement fait l'objet d'une information des personnes filmées, sauf si les circonstances l'interdisent. Une information générale du public sur l'emploi de ces caméras est organisée par le ministre de l'intérieur. Les personnels auxquels les caméras individuelles sont fournies ne peuvent avoir accès directement aux enregistrements auxquels ils procèdent.

Les enregistrements audiovisuels, hors le cas où ils sont utilisés dans le cadre d'une procédure judiciaire, administrative ou disciplinaire, sont effacés au bout de six mois.

RAPPORT 03 – TITUBATION (voir le sommaire pour page de la correction)

Sans chronomètre, aidez-vous du livre de méthodologie du rapport,
Prenez votre temps.

Vous êtes le gardien brigadier Paul ISSE, assisté des gardiens brigadiers Amanda PAYER et Gilles JAUNE.

Vous êtes armés d'une bombe lacrymogène, d'une matraque télescopique et d'un pistolet.

Vous disposez d'une caméra individuelle portée par le gardien brigadier Amandé PAYER.

Vous êtes en patrouille portée dans sur votre commune de CLAIRVILLE.

Durant votre patrouille, à 10 h 00 vous constatez un homme qui s'agite étrangement sur la voie publique.

Ce dernier vocifère devant un arbre et porte des coups de poing, de pieds et de tête contre celui-ci.

Vous intervenez immédiatement.

Vous constatez que ce dernier a des propos incohérents, sent fortement l'alcool et se montre assez agressif envers le mobilier urbain.

La police nationale n'est pas disponible, l'officier de police judiciaire est le Capitaine FLAM.

Le commissariat se trouve sur votre commune.

Relatez vos diligences.

Mis en cause : Monsieur Jean SAISRIEN né le 12.05.1957 à Libreville.
Résidant 9 rue de la chapelle Bonneville.

ARTICLES ANNEXES
Rapport 03

Attention, il y a peut-être des pièges dans les articles, ou pas...
Aidez-vous du fascicule, prenez votre temps

Article 21 code de procédure pénale

Sont agents de police judiciaire adjoints :
[..]
2° Les agents de police municipale ;
[..]
Ils ont pour mission :
De seconder, dans l'exercice de leurs fonctions, les officiers de police judiciaire ;
De rendre compte à leurs chefs hiérarchiques de tous crimes, délits ou contraventions dont ils ont connaissance ;
De constater, en se conformant aux ordres de leurs chefs, les infractions à la loi pénale et de recueillir tous les renseignements en vue de découvrir les auteurs de ces infractions, le tout dans le cadre et dans les formes prévues par les lois organiques ou spéciales qui leur sont propres ;
De constater par procès-verbal les contraventions aux dispositions du Code de la route dont la liste est fixée par décret en Conseil d'État ainsi que les contraventions prévues à l'article 621-1 du Code pénal.
Lorsqu'ils constatent une infraction par procès-verbal, les agents de police judiciaire adjoints peuvent recueillir les éventuelles observations du contrevenant.

Article L241-2 du code de la sécurité intérieure
Créé par LOI n°2018-697 du 3 août 2018 - art. 3

Dans l'exercice de leurs missions de prévention des atteintes à l'ordre public et de protection de la sécurité des personnes et des biens ainsi que de leurs missions de police judiciaire, les agents de police municipale peuvent être autorisés, par le représentant de l'État dans le département, à procéder en tous lieux, au moyen de caméras individuelles, à un enregistrement audiovisuel de leurs interventions lorsque se produit ou est susceptible de se produire un incident, eu égard aux circonstances de l'intervention ou au comportement des personnes concernées.
L'enregistrement n'est pas permanent.

Les enregistrements ont pour finalités la prévention des incidents au cours des interventions des agents de police municipale, le constat des infractions et la poursuite de leurs auteurs par la collecte de preuves ainsi que la formation et la pédagogie des agents.

Les caméras sont portées de façon apparente par les agents. Un signal visuel spécifique indique si la caméra enregistre. Le déclenchement de l'enregistrement fait l'objet d'une information des personnes filmées, sauf si les circonstances l'interdisent. Une information générale du public sur l'emploi de ces caméras est organisée par le ministre de l'intérieur. Les personnels auxquels les caméras individuelles sont fournies ne peuvent avoir accès directement aux enregistrements auxquels ils procèdent.

Les enregistrements audiovisuels, hors le cas où ils sont utilisés dans le cadre d'une procédure judiciaire, administrative ou disciplinaire, sont effacés au bout de six mois.

Article L511-1 du code de la sécurité intérieure

Sans préjudice de la compétence générale de la police nationale et de la gendarmerie nationale, les agents de police municipale exécutent, dans la limite de leurs attributions et sous son autorité, les tâches relevant de la compétence du maire que celui-ci leur confie en matière de prévention et de surveillance du bon ordre, de la tranquillité, de la sécurité et de la salubrité publiques.

Ils sont chargés d'assurer l'exécution des arrêtés de police du maire et de constater par procès-verbaux les contraventions auxdits arrêtés. Sans préjudice des compétences qui leur sont dévolues par des lois spéciales, ils constatent également par procès-verbaux les contraventions aux dispositions du Code de la route [..] ainsi que les contraventions mentionnées au livre VI du Code pénal dont la liste est fixée par décret en Conseil d'État, dès lors qu'elles ne nécessitent pas de leur part d'actes d'enquête et à l'exclusion de celles réprimant des atteintes à l'intégrité des personnes.

Ils sont habilités à établir l'avis de paiement prévu à l'article L. 2 333-87 du Code général des collectivités territoriales.

Ils peuvent également constater par rapport le délit prévu par l'article L. 126-3 du code de la construction et de l'habitation. Ils exercent leurs fonctions sur le territoire communal [..]

Affectés sur décision du maire à la sécurité d'une manifestation sportive, récréative ou culturelle mentionnée à l'article L. 613-3 du présent code ou à celle des périmètres de protection institués en application de l'article L. 226-1 ou à la surveillance de l'accès à un bâtiment communal, ils peuvent procéder à l'inspection visuelle des bagages et, avec le consentement de leur propriétaire, à leur fouille. Ils peuvent également procéder, avec le consentement exprès des personnes, à des palpations de sécurité. Dans ce cas, la palpation de sécurité doit être effectuée par une personne de même sexe que la personne qui en fait l'objet.

Affectés par le maire à des missions de maintien du bon ordre au sein des transports publics de voyageurs, les agents de police municipale peuvent constater par procès-verbaux les infractions mentionnées à l'article L. 2241-1 du code des transports sur le territoire de la commune ou des communes formant un ensemble d'un seul tenant [..] sans pouvoir excéder le ressort du tribunal auprès duquel ils ont prêté serment.

Article 433-5 du Code pénal

Constituent un outrage puni de 7 500 euros d'amende les paroles, gestes ou menaces, les écrits ou images de toute nature non rendus publics ou l'envoi d'objets quelconques adressés à une personne chargée d'une mission de service public, dans l'exercice ou à l'occasion de l'exercice de sa mission, et de nature à porter atteinte à sa dignité ou au respect dû à la fonction dont elle est investie.

Lorsqu'il est adressé à une personne dépositaire de l'autorité publique, l'outrage est puni d'un an d'emprisonnement et de 15 000 euros d'amende.

Lorsqu'il est adressé à une personne chargée d'une mission de service public et que les faits ont été commis à l'intérieur d'un établissement scolaire ou éducatif, ou, à l'occasion des entrées ou sorties des élèves, aux abords d'un tel établissement, l'outrage est puni de six mois d'emprisonnement et de 7 500 euros d'amende.

Lorsqu'il est commis en réunion, l'outrage prévu au premier alinéa est puni de six mois d'emprisonnement et de 7 500 euros d'amende, et l'outrage prévu au deuxième alinéa est puni de deux ans d'emprisonnement et de 30 000 euros d'amende.

Article L3341-1 du Code de la Santé publique

Une personne trouvée en état d'ivresse dans les lieux publics est, par mesure de police, conduite à ses frais dans le local de police ou de gendarmerie le plus voisin ou dans une chambre de sûreté, pour y être retenue jusqu'à ce qu'elle ait recouvré la raison.

Lorsqu'il n'est pas nécessaire de procéder à l'audition de la personne mentionnée au premier alinéa immédiatement après qu'elle a recouvré la raison, elle peut, par dérogation au même premier alinéa, être placée par un officier ou un agent de police judiciaire sous la responsabilité d'une personne qui se porte garante d'elle.

Article R3353-1 du Code de la Santé publique
Le fait de se trouver en état d'ivresse manifeste dans les lieux mentionnés à l'article L. 3341-1 est puni de l'amende prévue pour les contraventions de la 2e classe.

Article 429 codes de procédure pénale

Tout procès-verbal ou rapport n'a de valeur probante que s'il est régulier en la forme, si son auteur a agi dans l'exercice de ses fonctions et a rapporté sur une matière de sa compétence ce qu'il a vu, entendu ou constaté personnellement.
Tout procès-verbal d'interrogatoire ou d'audition doit comporter les questions auxquelles il répond

---

Article 803 code de procédure pénale

Nul ne peut être soumis au port des menottes ou des entraves que s'il est considéré soit comme dangereux pour autrui ou pour lui-même, soit comme susceptible de tenter de prendre la fuite.

Dans ces deux hypothèses, toutes mesures utiles doivent être prises, dans les conditions compatibles avec les exigences de sécurité, pour éviter qu'une personne menottée ou entravée soit photographiée ou fasse l'objet d'un enregistrement audiovisuel.

RAPPORT 04 – ROULEZ JEUNESSE (voir le sommaire pour page de la correction)

Sans chronomètre, aidez-vous du livre de méthodologie du rapport,
Prenez votre temps.

À la suite de plusieurs accidents, le maire de Sotteville a pris un arrêté le 11 juillet 2003 interdisant l'utilisation de rollers sur certaines voies de la commune. Il a également créé un skate parc, rue de la Bombonne.

Vous êtes le gardien Dupond Marcel, accompagné de l'agent Durand Robert, de patrouille véhiculée, indicatif radio Charlie 2, vous disposez de menottes, révolver, tonfa, taser.

Le mercredi 12 juin à 15 h 00, vous êtes informés par votre poste central que plusieurs riverains de la rue des bouleaux se plaignent que 3 jeunes d'environ 16-17 ans font des courses de rollers.
La rue des bouleaux est piétonnière.

Vous vous rendez sur place et constatez que l'un des jeunes est au sol, blessé assez sérieusement à la jambe.

Deux autres jeunes slaloment entre les passants.

Une fois l'intervention terminée, vous retournez au poste et vous rédigez un rapport circonstancié de votre intervention avec les mesures prises afin d'informer votre hiérarchie.

Identité victime :

Alain TERIEUR, né le 21 avril 2005 à SOTTEVILLE, résidant 3 rue commandant Shepard, SOTTEVILLE

Identité des deux autres à rollers :
Patrick ETOILE, né le 18 janvier 2005 à SOTTEVILLE, résidant 2 rue Grunt, SOTTEVILLE
Robert ÉPONGE, né le 5 mai 2005 à ROUEN, résident 5 rue Malin à SOTTEVILLE

ARTICLES ANNEXES
Rapport 04

Attention, il y a peut-être des pièges dans les articles, ou pas...
Aidez-vous du fascicule, prenez votre temps

Article 21 code de procédure pénale

Sont agents de police judiciaire adjoints :
[..]
2° Les agents de police municipale ;
[..]
Ils ont pour mission :
De seconder, dans l'exercice de leurs fonctions, les officiers de police judiciaire ;
De rendre compte à leurs chefs hiérarchiques de tous crimes, délits ou contraventions dont ils ont connaissance ;
De constater, en se conformant aux ordres de leurs chefs, les infractions à la loi pénale et de recueillir tous les renseignements en vue de découvrir les auteurs de ces infractions, le tout dans le cadre et dans les formes prévues par les lois organiques ou spéciales qui leur sont propres ;
De constater par procès-verbal les contraventions aux dispositions du Code de la route dont la liste est fixée par décret en Conseil d'État ainsi que les contraventions prévues à l'article 621-1 du Code pénal.
Lorsqu'ils constatent une infraction par procès-verbal, les agents de police judiciaire adjoints peuvent recueillir les éventuelles observations du contrevenant.

Article 78-6 code de procédure pénale

Les agents de police judiciaire adjoints mentionnés aux 1° bis, 1° ter, 1° quater et 2° de l'article 21 sont habilités à relever l'identité des contrevenants pour dresser les procès-verbaux concernant des contraventions aux arrêtés de police du maire, des contraventions au Code de la route que la loi et les règlements les autorisent à verbaliser ou des contraventions qu'ils peuvent constater en vertu d'une disposition législative expresse.

Si le contrevenant refuse ou se trouve dans l'impossibilité de justifier de son identité, l'agent de police judiciaire adjoint mentionné au premier alinéa en rend compte immédiatement à tout officier de police judiciaire de la police nationale ou de la gendarmerie nationale territorialement compétent, qui peut alors lui ordonner sans délai de lui présenter sur-le-champ le contrevenant ou de retenir celui-ci pendant le temps nécessaire à son arrivée ou à celle d'un agent de police judiciaire agissant sous son contrôle.

À défaut de cet ordre, l'agent de police judiciaire adjoint mentionné au premier alinéa ne peut retenir le contrevenant. Pendant le temps nécessaire à l'information et à la décision de l'officier de police judiciaire, le contrevenant est tenu de demeurer à la disposition d'un agent mentionné au même premier alinéa.

La violation de cette obligation est punie de deux mois d'emprisonnement et de 7 500 € d'amende.

Lorsque l'officier de police judiciaire décide de procéder à une vérification d'identité, dans les conditions prévues à l'article 78-3, le délai prévu au troisième alinéa de cet article court à compter du relevé d'identité.

Article 131-13 Code pénal

Constituent des contraventions les infractions que la loi punit d'une amende n'excédant pas 3 000 euros.
Le montant de l'amende est le suivant :
1° 38 euros au plus pour les contraventions de la 1re classe ;
2° 150 euros au plus pour les contraventions de la 2e classe ;
3° 450 euros au plus pour les contraventions de la 3e classe ;
4° 750 euros au plus pour les contraventions de la 4e classe ;
5° 1 500 euros au plus pour les contraventions de la 5e classe, montant qui peut être porté à 3 000 euros en cas de récidive lorsque le règlement le prévoit, hors les cas où la loi prévoit que la récidive de la contravention constitue un délit.

Article R610-5 Code pénal

La violation des interdictions ou le manquement aux obligations édictées par les décrets et arrêtés de police sont punis de l'amende prévue pour les contraventions de la 1re classe.

Arrêté du maire

Mairie de SOTTEVILLE

LIBERTE - EGALITE – FRATERNITE

ARRETE MUNICIPAL
N° : 12-40

Le Maire de la Commune de Sotteville

Vu la loi n°82.213 du 2 mars 1982, relative aux droits et libertés des communes, des départements et des régions,
Vu le code général des collectivités Territoriales,
Vu le code de la route,
Vu le décret 54-724 du 10 juillet 1954,
Vu le code pénal,

CONSIDERANT la nécessité de parer à tout accident de la circulation et de limiter les nuisances sonores.

ARRETE

ARTICLE 1 :
Il est interdit de pratiquer le roller au niveau de tous les ronds-points, carrefours et rue piétonnières de la commune, ce pour des raisons de sécurité.

ARTICLE 2 :
Cette interdiction est matérialisé par les services techniques de la mairies par panneaux.

ARTICLE 3 :
Les contrevenants au présent arrêté seront poursuivis conformément aux lois et règlements en vigueurs.

ARTICLE 4 :
Le présent arrêté sera transmis à
Monsieur le Préfet,
Monsieur le Commissaire de police nationale,
Monsieur le Chef de service de police Municipale,

Chargés en ce qui les concerne de la bonne exécution de cet arrêté.

LE MAIRE
Le 11 juillet 2003

RAPPORT 05 – VOL ROUGE (voir le sommaire pour page de la correction)

Sans chronomètre, aidez-vous du livre de méthodologie du rapport,
Prenez votre temps et soyez attentif.

Vous êtes le gardien brigadier VERT Olivier, en fonction avec les agents JAUNE Gilles et DUPOND Sophie.

Vous êtes employés par la ville de JOINVILLE, dans le département du val de marne (94).

Vous êtes équipés d'une seule caméra individuelle pour l'équipage et chacun de menottes, de bombes lacrymogènes, de revolver, de radios individuelles.

Vous patrouillez à bord du véhicule portant indicatif TANGO 5.

Vous circulez, selon vos consignes, dans le secteur 4 et plus précisément, vous êtes sur l'avenue saint Exupéry.

À 13 h 00, le véhicule qui est devant vous, franchis le feu au rouge fixe.

Dix minutes plus tard, à 25 mètres de vous environ, un homme s'empare du téléphone portable d'une jeune femme qui était en pleine conversation téléphonique.

L'individu prend la fuite, à pieds, en direction de la rue de la truanderie.

Relatez vos diligences

Le Commissariat est sur la commune.

Information véhicule : Peugeot expert, immatriculé AA 222 AA
Information conducteur : Jean FAITPAS, résident 4 rue de la république, Vitry sur seine, né le 15 juin 1955 à Paris.

Information victime : Madame Julie TRUFFE, résidant 15 rue des Etats, JOINVILLE, née le 10 janvier 1975 à Libreville

Information voleur : Monsieur Jean RAPETOUT, résidant 252 rue de la filouterie, JOINVILLE. Né le 26 décembre 1985 à Paris

ARTICLE ANNEXE
Rapport 05

**Attention, il y a peut-être des pièges dans les articles, ou pas...
Aidez-vous du fascicule, prenez votre temps**

Article 21 code de procédure pénale

Sont agents de police judiciaire adjoints :
[..]
2° Les agents de police municipale ; [..]
Ils ont pour mission :
De seconder, dans l'exercice de leurs fonctions, les officiers de police judiciaire ;
De rendre compte à leurs chefs hiérarchiques de tous crimes, délits ou contraventions dont ils ont connaissance ;
De constater, en se conformant aux ordres de leurs chefs, les infractions à la loi pénale et de recueillir tous les renseignements en vue de découvrir les auteurs de ces infractions, le tout dans le cadre et dans les formes prévues par les lois organiques ou spéciales qui leur sont propres ;
De constater par procès-verbal les contraventions aux dispositions du Code de la route dont la liste est fixée par décret en Conseil d'État ainsi que les contraventions prévues à l'article 621-1 du Code pénal.
Lorsqu'ils constatent une infraction par procès-verbal, les agents de police judiciaire adjoints peuvent recueillir les éventuelles observations du contrevenant.

Article 429 code de procédure pénale

Tout procès-verbal ou rapport n'a de valeur probante que s'il est régulier en la forme, si son auteur a agi dans l'exercice de ses fonctions et a rapporté sur une matière de sa compétence ce qu'il a vu, entendu ou constaté personnellement.
Tout procès-verbal d'interrogatoire ou d'audition doit comporter les questions auxquelles il répond

---

Article 803 code de procédure pénale

Nul ne peut être soumis au port des menottes ou des entraves que s'il est considéré soit comme dangereux pour autrui ou pour lui-même, soit comme susceptible de tenter de prendre la fuite.

Dans ces deux hypothèses, toutes mesures utiles doivent être prises, dans les conditions compatibles avec les exigences de sécurité, pour éviter qu'une personne menottée ou entravée soit photographiée ou fasse l'objet d'un enregistrement audiovisuel.

Article 311-1 du Code pénal
Le vol est la soustraction frauduleuse de la chose d'autrui.

Article 311-3 du Code pénal
Le vol est puni de trois ans d'emprisonnement et de 45 000 euros d'amende.

Article 53 du Code de procédure pénale.
Est qualifié crime ou délit flagrant, le crime ou le délit qui se commet actuellement, ou qui vient de se commettre. Il y a aussi crime ou délit flagrant lorsque, dans un temps très voisin de l'action, la personne soupçonnée est poursuivie par la clameur publique, ou est trouvée en possession d'objets, ou présente des traces ou indices, laissant penser qu'elle a participé au crime ou au délit.

Article 73 code de procédure pénale
Dans les cas de crime flagrant ou de délit flagrant puni d'une peine d'emprisonnement, toute personne a qualité pour en appréhender l'auteur et le conduire devant l'officier de police judiciaire le plus proche.

Lorsque la personne est présentée devant l'officier de police judiciaire, son placement en garde à vue, lorsque les conditions de cette mesure prévues par le présent code sont réunies, n'est pas obligatoire dès lors qu'elle n'est pas tenue sous la contrainte de demeurer à la disposition des enquêteurs et qu'elle a été informée qu'elle peut à tout moment quitter les locaux de police ou de gendarmerie. Le présent alinéa n'est toutefois pas applicable si la personne a été conduite, sous contrainte, par la force publique devant l'officier de police judiciaire.

Article 78-6 code de procédure pénale

Les agents de police judiciaire adjoints mentionnés aux 1° bis, 1° ter, 1° quater et 2° de l'article 21 sont habilités à relever l'identité des contrevenants pour dresser les procès-verbaux concernant des contraventions aux arrêtés de police du maire, des contraventions au Code de la route que la loi et les règlements les autorisent à verbaliser ou des contraventions qu'ils peuvent constater en vertu d'une disposition législative expresse.

Si le contrevenant refuse ou se trouve dans l'impossibilité de justifier de son identité, l'agent de police judiciaire adjoint mentionné au premier alinéa en rend compte immédiatement à tout officier de police judiciaire de la police nationale ou de la gendarmerie nationale territorialement compétent, qui peut alors lui ordonner sans délai de lui présenter sur-le-champ le contrevenant ou de retenir celui-ci pendant le temps nécessaire à son arrivée ou à celle d'un agent de police judiciaire agissant sous son contrôle. À défaut de cet ordre, l'agent de police judiciaire adjoint mentionné au premier alinéa ne peut retenir le contrevenant. Pendant le temps nécessaire à l'information et à la décision de l'officier de police judiciaire, le contrevenant est tenu de demeurer à la disposition d'un agent mentionné au même premier alinéa. La violation de cette obligation est punie de deux mois d'emprisonnement et de 7 500 € d'amende. Lorsque l'officier de police judiciaire décide de procéder à une vérification d'identité, dans les conditions prévues à l'article 78-3, le délai prévu au troisième alinéa de cet article court à compter du relevé d'identité.

Article L241-2 du code de la sécurité intérieure
Créé par LOI n°2018-697 du 3 août 2018 - art. 3

Dans l'exercice de leurs missions de prévention des atteintes à l'ordre public et de protection de la sécurité des personnes et des biens ainsi que de leurs missions de police judiciaire, les agents de police municipale peuvent être autorisés, par le représentant de l'Etat dans le département, à procéder en tous lieux, au moyen de caméras individuelles, à un enregistrement audiovisuel de leurs interventions lorsque se produit ou est susceptible de se produire un incident, eu égard aux circonstances de l'intervention ou au comportement des personnes concernées.

L'enregistrement n'est pas permanent.

Les enregistrements ont pour finalités la prévention des incidents au cours des interventions des agents de police municipale, le constat des infractions et la poursuite de leurs auteurs par la collecte de preuves ainsi que la formation et la pédagogie des agents.

Les caméras sont portées de façon apparente par les agents. Un signal visuel spécifique indique si la caméra enregistre. Le déclenchement de l'enregistrement fait l'objet d'une information des personnes filmées, sauf si les circonstances l'interdisent. Une information générale du public sur l'emploi de ces caméras est organisée par le ministre de l'intérieur. Les personnels auxquels les caméras individuelles sont fournies ne peuvent avoir accès directement aux enregistrements auxquels ils procèdent.

Les enregistrements audiovisuels, hors le cas où ils sont utilisés dans le cadre d'une procédure judiciaire, administrative ou disciplinaire, sont effacés au bout de six mois.

Article L511-1 du code de la sécurité intérieure

Sans préjudice de la compétence générale de la police nationale et de la gendarmerie nationale, les agents de police municipale exécutent, dans la limite de leurs attributions et sous son autorité, les tâches relevant de la compétence du maire que celui-ci leur confie en matière de prévention et de surveillance du bon ordre, de la tranquillité, de la sécurité et de la salubrité publiques.

Ils sont chargés d'assurer l'exécution des arrêtés de police du maire et de constater par procès-verbaux les contraventions auxdits arrêtés. Sans préjudice des compétences qui leur sont dévolues par des lois spéciales, ils constatent également par procès-verbaux les contraventions aux dispositions du code de la route dont la liste est fixée par décret en Conseil d'État ainsi que les contraventions mentionnées au livre VI du Code pénal [..] dès lors qu'elles ne nécessitent pas de leur part d'actes d'enquête et à l'exclusion de celles réprimant des atteintes à l'intégrité des personnes. [..] Ils peuvent également constater par rapport le délit prévu par l'article L. 126-3 du code de la construction et de l'habitation. Ils exercent leurs fonctions sur le territoire communal [..]

Affectés sur décision du maire à la sécurité d'une manifestation sportive, récréative ou culturelle [..] ou à celle des périmètres de protection institués [..] ou à la surveillance de l'accès à un bâtiment communal, ils peuvent procéder à l'inspection visuelle des bagages et, avec le consentement de leur propriétaire, à leur fouille. Ils peuvent également procéder, avec le consentement exprès des personnes, à des palpations de sécurité. Dans ce cas, la palpation de sécurité doit être effectuée par une personne de même sexe que la personne qui en fait l'objet.

Affectés par le maire à des missions de maintien du bon ordre au sein des transports publics de voyageurs, les agents de police municipale peuvent constater par procès-verbaux les infractions mentionnées à l'article L. 2241-1 du code des transports sur le territoire de la commune ou des communes formant un ensemble d'un seul tenant dans les conditions définies à l'article L. 512-1-1 du présent code, sans pouvoir excéder le ressort du tribunal auprès duquel ils ont prêté serment.

Article 311-4 du code pénal

Le vol est puni de cinq ans d'emprisonnement et de 75 000 euros d'amende :

1° Lorsqu'il est commis par plusieurs personnes agissant en qualité d'auteur ou de complice, sans qu'elles constituent une bande organisée ;

2° Lorsqu'il est commis par une personne dépositaire de l'autorité publique ou chargée d'une mission de service public, dans l'exercice ou à l'occasion de l'exercice de ses fonctions ou de sa mission ;

3° Lorsqu'il est commis par une personne qui prend indûment la qualité d'une personne dépositaire de l'autorité publique ou chargée d'une mission de service public ;

4° Lorsqu'il est précédé, accompagné ou suivi de violences sur autrui n'ayant pas entraîné une incapacité totale de travail ;

6° Lorsqu'il est commis dans un local d'habitation ou dans un lieu utilisé ou destiné à l'entrepôt de fonds, valeurs, marchandises ou matériels ;

7° Lorsqu'il est commis dans un véhicule affecté au transport collectif de voyageurs ou dans un lieu destiné à l'accès à un moyen de transport collectif de voyageurs ;

8° Lorsqu'il est précédé, accompagné ou suivi d'un acte de destruction, dégradation ou détérioration ;

10° Lorsqu'il est commis par une personne dissimulant volontairement en tout ou partie son visage afin de ne pas être identifiée ;

11° Lorsqu'il est commis dans les établissements d'enseignement ou d'éducation ainsi que, lors des entrées ou sorties des élèves ou dans un temps très voisin de celles-ci, aux abords de ces établissements.

Les peines sont portées à sept ans d'emprisonnement et à 100 000 euros d'amende lorsque le vol est commis dans deux des circonstances prévues par le présent article. Elles sont portées à dix ans d'emprisonnement et à 150 000 euros d'amende lorsque le vol est commis dans trois de ces circonstances.

Article R412-30 du code de la route

Tout conducteur doit marquer l'arrêt absolu devant un feu de signalisation rouge, fixe ou clignotant.

L'arrêt se fait :

1° Lorsqu'une ligne d'arrêt est matérialisée, en respectant la limite de cette ligne ;

2° Lorsqu'une ligne d'arrêt n'est pas matérialisée, en respectant la limite d'une ligne située avant le passage pour piétons s'il précède le feu et, dans les autres cas, à l'aplomb du feu de signalisation.

[..] les dispositions du premier alinéa ne s'appliquent pas aux transports exceptionnels mentionnés à l'article R. 433-1 et à leurs véhicules d'accompagnement mentionnés à l'article R. 433-17 régulièrement engagés dans une intersection équipée de feux de signalisation affichant la couleur verte au moment du franchissement de ces feux par le premier véhicule d'accompagnement.

Lorsqu'une piste cyclable ou une trajectoire matérialisée pour les cycles, signalisée en application des dispositions de l'article R. 411-25, traversant la chaussée est parallèle et contiguë à un passage réservé aux piétons dont le franchissement est réglé par des feux de signalisation lumineux, tout conducteur empruntant cette piste ou cette trajectoire matérialisée est tenu, à défaut de signalisation spécifique, de respecter les feux de signalisation réglant la traversée de la chaussée par les piétons.

Le fait, pour tout conducteur, de contrevenir aux dispositions du présent article est puni de l'amende prévue pour les contraventions de la quatrième classe.

Toute personne coupable de cette infraction encourt également la peine complémentaire de suspension, pour une durée de trois ans au plus, du permis de conduire, cette suspension pouvant être limitée à la conduite en dehors de l'activité professionnelle.

Cette contravention donne lieu de plein droit à la réduction de quatre points du permis de conduire.

RAPPORT 06 – LE CRADO (voir le sommaire pour page de la correction)

On chronomètre juste pour savoir le temps que l'on met,
aidez-vous du livre de méthodologie du rapport, prenez votre temps.

Vous êtes le Gardien Brigadier ALPHA, assisté des gardiens DELTA et ÉCHO. Vous exercez sur le territoire de la commune de LIBREVILLE, vous êtes de patrouille portée dans votre commune.

Il est 10 h 00, vous êtes requis par votre station directrice qui vous demande de vous transporter au 10 de la rue LIBÉRATION pour un homme déversant ses poubelles sur le domaine public depuis une camionnette blanche.

Sur place, vous constatez le dépôt du dernier sac par l'individu en question. Vous constatez également que plusieurs sacs sont éventrés et laissent apparaître de la nourriture avariée.

Vous prenez contact avec cet homme et relatez vos diligences.

Information complémentaire : véhicule Renault Boxer, immatriculé AA-123-AA.
L'homme se nomme Jean SAISRIEN est né le 5 janvier 1974 à LIBREVILLE, résidant 1 rue de la truanderie, LIBREVILLE.

ARTICLES ANNEXE
Rapport 06

Attention, il y a peut-être des pièges dans les articles, ou pas...
Aidez-vous du fascicule, prenez votre temps

Article R635-8 du code pénal

Est puni de l'amende prévue pour les contraventions de la 5e classe le fait de déposer, d'abandonner, de jeter ou de déverser, en lieu public ou privé, à l'exception des emplacements désignés à cet effet par l'autorité administrative compétente, soit une épave de véhicule, soit des ordures, déchets, déjections, matériaux, liquides insalubres ou tout autre objet de quelque nature qu'il soit, lorsque ceux-ci ont été transportés avec l'aide d'un véhicule, si ces faits ne sont pas accomplis par la personne ayant la jouissance du lieu ou avec son autorisation.

Les personnes coupables de la contravention prévue au présent article encourent également la peine complémentaire de confiscation de la chose qui a servi ou était destinée à commettre l'infraction ou de la chose qui en est le produit.

Les personnes morales déclarées responsables pénalement, dans les conditions prévues par l'article 121-2, de l'infraction définie au présent article encourent, outre l'amende suivant les modalités prévues par l'article 131-41, la peine de confiscation de la chose qui a servi ou était destinée à commettre l'infraction ou de la chose qui en est le produit.

La récidive de la contravention prévue au présent article est réprimée conformément aux articles 132-11 et 132-15.

Article 803 code de procédure pénale

Nul ne peut être soumis au port des menottes ou des entraves que s'il est considéré soit comme dangereux pour autrui ou pour lui-même, soit comme susceptible de tenter de prendre la fuite.

Dans ces deux hypothèses, toutes mesures utiles doivent être prises, dans les conditions compatibles avec les exigences de sécurité, pour éviter qu'une personne menottée ou entravée soit photographiée ou fasse l'objet d'un enregistrement audiovisuel.

Article 53 du Code de procédure pénale.

Est qualifié crime ou délit flagrant, le crime ou le délit qui se commet actuellement, ou qui vient de se commettre. Il y a aussi crime ou délit flagrant lorsque, dans un temps très voisin de l'action, la personne soupçonnée est poursuivie par la clameur publique, ou est trouvée en possession d'objets, ou présente des traces ou indices, laissant penser qu'elle a participé au crime ou au délit.

Article 73 code de procédure pénale

Dans les cas de crime flagrant ou de délit flagrant puni d'une peine d'emprisonnement, toute personne a qualité pour en appréhender l'auteur et le conduire devant l'officier de police judiciaire le plus proche.

Lorsque la personne est présentée devant l'officier de police judiciaire, son placement en garde à vue, lorsque les conditions de cette mesure prévues par le présent code sont réunies, n'est pas obligatoire dès lors qu'elle n'est pas tenue sous la contrainte de demeurer à la disposition des enquêteurs et qu'elle a été informée qu'elle peut à tout moment quitter les locaux de police ou de gendarmerie. Le présent alinéa n'est toutefois pas applicable si la personne a été conduite, sous contrainte, par la force publique devant l'officier de police judiciaire.

Article 78-6 code de procédure pénale

Les agents de police judiciaire adjoints [..] sont habilités à relever l'identité des contrevenants pour dresser les procès-verbaux concernant des contraventions aux arrêtés de police du maire, des contraventions au Code de la route que la loi et les règlements les autorisent à verbaliser ou des contraventions qu'ils peuvent constater en vertu d'une disposition législative expresse.

Si le contrevenant refuse ou se trouve dans l'impossibilité de justifier de son identité, l'agent de police judiciaire adjoint mentionné au premier alinéa en rend compte immédiatement à tout officier de police judiciaire de la police nationale ou de la gendarmerie nationale territorialement compétent, qui peut alors lui ordonner sans délai de lui présenter sur-le-champ le contrevenant ou de retenir celui-ci pendant le temps nécessaire à son arrivée ou à celle d'un agent de police judiciaire agissant sous son contrôle. À défaut de cet ordre, l'agent de police judiciaire adjoint mentionné au premier alinéa ne peut retenir le contrevenant. Pendant le temps nécessaire à l'information et à la décision de l'officier de police judiciaire, le contrevenant est tenu de demeurer à la disposition d'un agent mentionné au même premier alinéa. La violation de cette obligation est punie de deux mois d'emprisonnement et de 7 500 € d'amende. Lorsque l'officier de police judiciaire décide de procéder à une vérification d'identité, dans les conditions prévues à l'article 78-3, le délai prévu au troisième alinéa de cet article court à compter du relevé d'identité.

Article L241-2 du code de la sécurité intérieure

Créé par LOI n°2018-697 du 3 août 2018 - art. 3

Dans l'exercice de leurs missions de prévention des atteintes à l'ordre public et de protection de la sécurité des personnes et des biens ainsi que de leurs missions de police judiciaire, les agents de police municipale peuvent être autorisés, par le représentant de l'Etat dans le département, à procéder en tous lieux, au moyen de caméras individuelles, à un enregistrement audiovisuel de leurs interventions lorsque se produit ou est susceptible de se produire un incident, eu égard aux circonstances de l'intervention ou au comportement des personnes concernées.

L'enregistrement n'est pas permanent.

Les enregistrements ont pour finalités la prévention des incidents au cours des interventions des agents de police municipale, le constat des infractions et la poursuite de leurs auteurs par la collecte de preuves ainsi que la formation et la pédagogie des agents.

Les caméras sont portées de façon apparente par les agents. Un signal visuel spécifique indique si la caméra enregistre. Le déclenchement de l'enregistrement fait l'objet d'une information des personnes filmées, sauf si les circonstances l'interdisent. Une information générale du public sur l'emploi de ces caméras est organisée par le ministre de l'intérieur. Les personnels auxquels les caméras individuelles sont fournies ne peuvent avoir accès directement aux enregistrements auxquels ils procèdent.

Les enregistrements audiovisuels, hors le cas où ils sont utilisés dans le cadre d'une procédure judiciaire, administrative ou disciplinaire, sont effacés au bout de six mois.

Article 21 code de procédure pénale

Sont agents de police judiciaire adjoints :
[..]
2° Les agents de police municipale ; [..]
Ils ont pour mission :
De seconder, dans l'exercice de leurs fonctions, les officiers de police judiciaire ;
De rendre compte à leurs chefs hiérarchiques de tous crimes, délits ou contraventions dont ils ont connaissance ;
De constater, en se conformant aux ordres de leurs chefs, les infractions à la loi pénale et de recueillir tous les renseignements en vue de découvrir les auteurs de ces infractions, le tout dans le cadre et dans les formes prévues par les lois organiques ou spéciales qui leur sont propres ;
De constater par procès-verbal les contraventions aux dispositions du Code de la route dont la liste est fixée par décret en Conseil d'État ainsi que les contraventions prévues à l'article 621-1 du Code pénal.
Lorsqu'ils constatent une infraction par procès-verbal, les agents de police judiciaire adjoints peuvent recueillir les éventuelles observations du contrevenant.

Article 429 code de procédure pénale

Tout procès-verbal ou rapport n'a de valeur probante que s'il est régulier en la forme, si son auteur a agi dans l'exercice de ses fonctions et a rapporté sur une matière de sa compétence ce qu'il a vu, entendu ou constaté personnellement.
Tout procès-verbal d'interrogatoire ou d'audition doit comporter les questions auxquelles il répond

RAPPORT 07– BON CHIEN (voir le sommaire pour page de la correction)

**On chronomètre juste pour savoir le temps que l'on met,
aidez-vous du livre de méthodologie du rapport, prenez votre temps.**

Vous êtes le gardien brigadier Bernard TICHAUT, accompagné du brigadier-chef principal Amanda BLEU, vous disposez de révolver, de tonfa, de bombe lacrymogène, de menotte et d'une radio.
Vous êtes affectés dans la ville de SOTTEVILLE.

Vous êtes de patrouille pédestre dans un parc municipal où se trouvent des familles et un SDF bien connu de votre service, accompagné d'un chien labrador de bonne taille (non catégorisé).

Vous entendez l'homme crier « attaque » puis vous constatez le gros chien foncer vers vous à toute allure.

Vous disposez d'une convention avec la SPA de SOTTEVILLE.

Relatez vos diligences.

Information SDF : Monsieur Guy YOTINE, né le 12.05.1975 à SOTTEVILLE, résidant : Squatt des tournettes, SOTTEVILLE.

Information chien : Labrador nommé ROSCO, puce électronique n°250 26 35 57986147 appartenant à Monsieur Bernard YOTINE, frère de Monsieur Guy YOTINE.

ARTICLES ANNEXE
Rapport 07

**Attention, il y a peut-être des pièges dans les articles, ou pas…
Aidez-vous du fascicule**

Article 122-5 du code pénal
N'est pas pénalement responsable la personne qui, devant une atteinte injustifiée envers elle-même ou autrui, accomplit, dans le même temps, un acte commandé par la nécessité de la légitime défense d'elle-même ou d'autrui, sauf s'il y a disproportion entre les moyens de défense employés et la gravité de l'atteinte.
N'est pas pénalement responsable la personne qui, pour interrompre l'exécution d'un crime ou d'un délit contre un bien, accomplit un acte de défense, autre qu'un homicide volontaire, lorsque cet acte est strictement nécessaire au but poursuivi dès lors que les moyens employés sont proportionnés à la gravité de l'infraction.

Article R515-9 du code de la sécurité intérieure
Lorsqu'il est autorisé, dans les conditions prévues par la loi, à utiliser la force et, le cas échéant, à se servir de ses armes réglementaires, l'agent de police municipale ne peut en faire usage qu'en état de légitime défense et sous réserve que les moyens de défense employés soient proportionnés à la gravité de l'atteinte aux personnes ou aux biens.

Article L511-5-1 du code de la sécurité intérieure
Les agents de police municipale autorisés à porter une arme selon les modalités définies à l'article L. 511-5 peuvent faire usage de leurs armes dans les conditions prévues au premier alinéa de l'article L. 435-1 et dans les cas prévus au 1° du même article L. 435-1.

Article L435-1 du code de la sécurité intérieure
Dans l'exercice de leurs fonctions et revêtus de leur uniforme ou des insignes extérieurs et apparents de leur qualité, les agents de la police nationale et les militaires de la gendarmerie nationale peuvent, outre les cas mentionnés à l'article L. 211-9, faire usage de leurs armes en cas d'absolue nécessité et de manière strictement proportionnée :

1° Lorsque des atteintes à la vie ou à l'intégrité physique sont portées contre eux ou contre autrui ou lorsque des personnes armées menacent leur vie ou leur intégrité physique ou celles d'autrui ;

2° Lorsque, après deux sommations faites à haute voix, ils ne peuvent défendre autrement les lieux qu'ils occupent ou les personnes qui leur sont confiées ;
3° Lorsque, immédiatement après deux sommations adressées à haute voix, ils ne peuvent contraindre à s'arrêter, autrement que par l'usage des armes, des personnes qui cherchent à échapper à leur garde ou à leurs investigations et qui sont susceptibles de perpétrer, dans leur fuite, des atteintes à leur vie ou à leur intégrité physique ou à celles d'autrui ;
4° Lorsqu'ils ne peuvent immobiliser, autrement que par l'usage des armes, des véhicules, embarcations ou autres moyens de transport, dont les conducteurs n'obtempèrent pas à l'ordre d'arrêt et dont les occupants sont susceptibles de perpétrer, dans leur fuite, des atteintes à leur vie ou à leur intégrité physique ou à celles d'autrui ;
5° Dans le but exclusif d'empêcher la réitération, dans un temps rapproché, d'un ou de plusieurs meurtres ou tentatives de meurtre venant d'être commis, lorsqu'ils ont des raisons réelles et objectives d'estimer que cette réitération est probable au regard des informations dont ils disposent au moment où ils font usage de leurs armes.

Article 132-75 du Code pénal
Est une arme tout objet conçu pour tuer ou blesser.
Tout autre objet susceptible de présenter un danger pour les personnes est assimilé à une arme dès lors qu'il est utilisé pour tuer, blesser ou menacer ou qu'il est destiné, par celui qui en est porteur, à tuer, blesser ou menacer.
Est assimilé à une arme tout objet qui, présentant avec l'arme définie au premier alinéa une ressemblance de nature à créer une confusion, est utilisé pour menacer de tuer ou de blesser ou est destiné, par celui qui en est porteur, à menacer de tuer ou de blesser.
L'utilisation d'un animal pour tuer, blesser ou menacer est assimilée à l'usage d'une arme. En cas de condamnation du propriétaire de l'animal ou si le propriétaire est inconnu, le tribunal peut décider de remettre l'animal à une œuvre de protection animale reconnue d'utilité publique ou déclarée, laquelle pourra librement en disposer.

Article 803 code de procédure pénale
Nul ne peut être soumis au port des menottes ou des entraves que s'il est considéré soit comme dangereux pour autrui ou pour lui-même, soit comme susceptible de tenter de prendre la fuite.
Dans ces deux hypothèses, toutes mesures utiles doivent être prises, dans les conditions compatibles avec les exigences de sécurité, pour éviter qu'une personne menottée ou entravée soit photographiée ou fasse l'objet d'un enregistrement audiovisuel.

Article 53 du Code de procédure pénale.
Est qualifié crime ou délit flagrant, le crime ou le délit qui se commet actuellement, ou qui vient de se commettre. Il y a aussi crime ou délit flagrant lorsque, dans un temps très voisin de l'action, la personne soupçonnée est poursuivie par la clameur publique, ou est trouvée en possession d'objets, ou présente des traces ou indices, laissant penser qu'elle a participé au crime ou au délit.

Article 73 code de procédure pénale

Dans les cas de crime flagrant ou de délit flagrant puni d'une peine d'emprisonnement, toute personne a qualité pour en appréhender l'auteur et le conduire devant l'officier de police judiciaire le plus proche.

Lorsque la personne est présentée devant l'officier de police judiciaire, son placement en garde à vue, lorsque les conditions de cette mesure prévues par le présent code sont réunies, n'est pas obligatoire dès lors qu'elle n'est pas tenue sous la contrainte de demeurer à la disposition des enquêteurs et qu'elle a été informée qu'elle peut à tout moment quitter les locaux de police ou de gendarmerie. Le présent alinéa n'est toutefois pas applicable si la personne a été conduite, sous contrainte, par la force publique devant l'officier de police judiciaire.

Article 78-6 code de procédure pénale

Les agents de police judiciaire adjoints [..] sont habilités à relever l'identité des contrevenants pour dresser les procès-verbaux concernant des contraventions aux arrêtés de police du maire, des contraventions au Code de la route que la loi et les règlements les autorisent à verbaliser ou des contraventions qu'ils peuvent constater en vertu d'une disposition législative expresse.

Si le contrevenant refuse ou se trouve dans l'impossibilité de justifier de son identité, l'agent de police judiciaire adjoint mentionné au premier alinéa en rend compte immédiatement à tout officier de police judiciaire de la police nationale ou de la gendarmerie nationale territorialement compétent, qui peut alors lui ordonner sans délai de lui présenter sur-le-champ le contrevenant ou de retenir celui-ci pendant le temps nécessaire à son arrivée ou à celle d'un agent de police judiciaire agissant sous son contrôle. À défaut de cet ordre, l'agent de police judiciaire adjoint mentionné au premier alinéa ne peut retenir le contrevenant. Pendant le temps nécessaire à l'information et à la décision de l'officier de police judiciaire, le contrevenant est tenu de demeurer à la disposition d'un agent mentionné au même premier alinéa. La violation de cette obligation est punie de deux mois d'emprisonnement et de 7 500 € d'amende. Lorsque l'officier de police judiciaire décide de procéder à une vérification d'identité, dans les conditions prévues à l'article 78-3, le délai prévu au troisième alinéa de cet article court à compter du relevé d'identité.

Article 429 code de procédure pénale

Tout procès-verbal ou rapport n'a de valeur probante que s'il est régulier en la forme, si son auteur a agi dans l'exercice de ses fonctions et a rapporté sur une matière de sa compétence ce qu'il a vu, entendu ou constaté personnellement.

Tout procès-verbal d'interrogatoire ou d'audition doit comporter les questions auxquelles il répond.

Article 21 code de procédure pénale

Sont agents de police judiciaire adjoints : [..]
2° Les agents de police municipale ; [..]
Ils ont pour mission :
De seconder, dans l'exercice de leurs fonctions, les officiers de police judiciaire ;
De rendre compte à leurs chefs hiérarchiques de tous crimes, délits ou contraventions dont ils ont connaissance ;
De constater, en se conformant aux ordres de leurs chefs, les infractions à la loi pénale et de recueillir tous les renseignements en vue de découvrir les auteurs de ces infractions, le tout dans le cadre et dans les formes prévues par les lois organiques ou spéciales qui leur sont propres ;
De constater par procès-verbal les contraventions aux dispositions du Code de la route dont la liste est fixée par décret en Conseil d'État ainsi que les contraventions prévues à l'article 621-1 du Code pénal.
Lorsqu'ils constatent une infraction par procès-verbal, les agents de police judiciaire adjoints peuvent recueillir les éventuelles observations du contrevenant.

Article L241-2 du code de la sécurité intérieure

Créé par LOI n°2018-697 du 3 août 2018 - art. 3

Dans l'exercice de leurs missions de prévention des atteintes à l'ordre public et de protection de la sécurité des personnes et des biens ainsi que de leurs missions de police judiciaire, les agents de police municipale peuvent être autorisés, par le représentant de l'Etat dans le département, à procéder en tous lieux, au moyen de caméras individuelles, à un enregistrement audiovisuel de leurs interventions lorsque se produit ou est susceptible de se produire un incident, eu égard aux circonstances de l'intervention ou au comportement des personnes concernées.

L'enregistrement n'est pas permanent.

Les enregistrements ont pour finalités la prévention des incidents au cours des interventions des agents de police municipale, le constat des infractions et la poursuite de leurs auteurs par la collecte de preuves ainsi que la formation et la pédagogie des agents.

Les caméras sont portées de façon apparente par les agents. Un signal visuel spécifique indique si la caméra enregistre. Le déclenchement de l'enregistrement fait l'objet d'une information des personnes filmées, sauf si les circonstances l'interdisent. Une information générale du public sur l'emploi de ces caméras est organisée par le ministre de l'intérieur. Les personnels auxquels les caméras individuelles sont fournies ne peuvent avoir accès directement aux enregistrements auxquels ils procèdent.

Les enregistrements audiovisuels, hors le cas où ils sont utilisés dans le cadre d'une procédure judiciaire, administrative ou disciplinaire, sont effacés au bout de six mois.

Article 222-18 du code pénal

La menace, par quelque moyen que ce soit, de commettre un crime ou un délit contre les personnes, est punie de trois ans d'emprisonnement et de 45 000 euros d'amende, lorsqu'elle est faite avec l'ordre de remplir une condition.

La peine est portée à cinq ans d'emprisonnement et à 75 000 euros d'amende s'il s'agit d'une menace de mort.

RAPPORT 08 – HIII CRACK BOUM AIE (voir le sommaire pour page de la correction)

- SANS CHRONO, ON SE LANCE SANS LA MÉTHODOLOGIE -

> Vous êtes le Gardien Curtis NEWTON, accompagné des Gardiens Simon WRIGHT, Johanne LANDOR et Ken SCOTT vous êtes équipé de tonfa, de menottes, de révolver.
>
> Vous êtes à bord d'un véhicule indicatif CYBERLAB
>
> Vous êtes en fonction dans la ville de DENEF.
>
> Vous êtes requis par votre station directrice pour un accident qui serait survenu au 5 de la rue des malades.
>
> Sur place, vous constatez la présence d'un véhicule, encastré dans un candélabre.
>
> De l'huile et de l'essence coule au sol, des débris jonchent la route.
>
> Plusieurs véhicules sont à l'arrêt dans les deux sens de circulation. Une seule voie est encombrée par le véhicule accidenté.
>
> Le conducteur à le visage en sang et se plaint de son bras gauche.
>
> L'officier de permanence de la Police Nationale est le Capitaine Jean FLAM.
>
> L'Hôpital et le Commissariat sont sur la commune.
>
> Relatez vos diligences.
>
> **Victime :**
> Monsieur Erik SONNE né le 12.05.1957 à Libreville. Résidant 9 rue de la chapelle Bonneville.
>
> **Information véhicule :**
> Renault Clio, immatriculé AA-123-BB
> Assurance n° 123456 auprès de MONASSURANCE
> Candélabre n° 4567 situé au 5 de la rue des malades

ARTICLES ANNEXE
Rapport 08

Article 73 code de procédure pénale

Dans les cas de crime flagrant ou de délit flagrant puni d'une peine d'emprisonnement, toute personne a qualité pour en appréhender l'auteur et le conduire devant l'officier de police judiciaire le plus proche.

Lorsque la personne est présentée devant l'officier de police judiciaire, son placement en garde à vue, lorsque les conditions de cette mesure prévues par le présent code sont réunies, n'est pas obligatoire dès lors qu'elle n'est pas tenue sous la contrainte de demeurer à la disposition des enquêteurs et qu'elle a été informée qu'elle peut à tout moment quitter les locaux de police ou de gendarmerie. Le présent alinéa n'est toutefois pas applicable si la personne a été conduite, sous contrainte, par la force publique devant l'officier de police judiciaire.

Article 429 code de procédure pénale

Tout procès-verbal ou rapport n'a de valeur probante que s'il est régulier en la forme, si son auteur a agi dans l'exercice de ses fonctions et a rapporté sur une matière de sa compétence ce qu'il a vu, entendu ou constaté personnellement.
Tout procès-verbal d'interrogatoire ou d'audition doit comporter les questions auxquelles il répond.

Article L241-2 du code de la sécurité intérieure
Créé par LOI n°2018-697 du 3 août 2018 - art. 3

Dans l'exercice de leurs missions de prévention des atteintes à l'ordre public et de protection de la sécurité des personnes et des biens ainsi que de leurs missions de police judiciaire, les agents de police municipale peuvent être autorisés, par le représentant de l'Etat dans le département, à procéder en tous lieux, au moyen de caméras individuelles, à un enregistrement audiovisuel de leurs interventions lorsque se produit ou est susceptible de se produire un incident, eu égard aux circonstances de l'intervention ou au comportement des personnes concernées.

L'enregistrement n'est pas permanent.
Les enregistrements ont pour finalités la prévention des incidents au cours des interventions des agents de police municipale, le constat des infractions et la poursuite de leurs auteurs par la collecte de preuves ainsi que la formation et la pédagogie des agents.

Les caméras sont portées de façon apparente par les agents. Un signal visuel spécifique indique si la caméra enregistre. Le déclenchement de l'enregistrement fait l'objet d'une information des personnes filmées, sauf si les circonstances l'interdisent. Une information générale du public sur l'emploi de ces caméras est organisée par le ministre de l'intérieur. Les personnels auxquels les caméras individuelles sont fournies ne peuvent avoir accès directement aux enregistrements auxquels ils procèdent.

Les enregistrements audiovisuels, hors le cas où ils sont utilisés dans le cadre d'une procédure judiciaire, administrative ou disciplinaire, sont effacés au bout de six mois.

Article 803 code de procédure pénale

Nul ne peut être soumis au port des menottes ou des entraves que s'il est considéré soit comme dangereux pour autrui ou pour lui-même, soit comme susceptible de tenter de prendre la fuite.
Dans ces deux hypothèses, toutes mesures utiles doivent être prises, dans les conditions compatibles avec les exigences de sécurité, pour éviter qu'une personne menottée ou entravée soit photographiée ou fasse l'objet d'un enregistrement audiovisuel.

Article 78-6 code de procédure pénale

Les agents de police judiciaire adjoints [..] sont habilités à relever l'identité des contrevenants pour dresser les procès-verbaux concernant des contraventions aux arrêtés de police du maire, des contraventions au Code de la route que la loi et les règlements les autorisent à verbaliser ou des contraventions qu'ils peuvent constater en vertu d'une disposition législative expresse.

Si le contrevenant refuse ou se trouve dans l'impossibilité de justifier de son identité, l'agent de police judiciaire adjoint mentionné au premier alinéa en rend compte immédiatement à tout officier de police judiciaire de la police nationale ou de la gendarmerie nationale territorialement compétent, qui peut alors lui ordonner sans délai de lui présenter sur-le-champ le contrevenant ou de retenir celui-ci pendant le temps nécessaire à son arrivée ou à celle d'un agent de police judiciaire agissant sous son contrôle. À défaut de cet ordre, l'agent de police judiciaire adjoint mentionné au premier alinéa ne peut retenir le contrevenant. Pendant le temps nécessaire à l'information et à la décision de l'officier de police judiciaire, le contrevenant est tenu de demeurer à la disposition d'un agent mentionné au même premier alinéa. La violation de cette obligation est punie de deux mois d'emprisonnement et de 7 500 € d'amende. Lorsque l'officier de police judiciaire décide de procéder à une vérification d'identité, dans les conditions prévues à l'article 78-3, le délai prévu au troisième alinéa de cet article court à compter du relevé d'identité.

Article 21 code de procédure pénale

Sont agents de police judiciaire adjoints : [..]
2° Les agents de police municipale ; [..]
Ils ont pour mission :
De seconder, dans l'exercice de leurs fonctions, les officiers de police judiciaire ;
De rendre compte à leurs chefs hiérarchiques de tous crimes, délits ou contraventions dont ils ont connaissance ;
De constater, en se conformant aux ordres de leurs chefs, les infractions à la loi pénale et de recueillir tous les renseignements en vue de découvrir les auteurs de ces infractions, le tout dans le cadre et dans les formes prévues par les lois organiques ou spéciales qui leur sont propres ;
De constater par procès-verbal les contraventions aux dispositions du Code de la route dont la liste est fixée par décret en Conseil d'État ainsi que les contraventions prévues à l'article 621-1 du Code pénal.
Lorsqu'ils constatent une infraction par procès-verbal, les agents de police judiciaire adjoints peuvent recueillir les éventuelles observations du contrevenant.

RAPPORT 09 – CADAVRE EXQUIS (voir le sommaire pour page de la correction)

- SANS CHRONO, ON SE LANCE SANS LA MÉTHODOLOGIE -

> Vous êtes le Gardien-Brigadier Yohann SOLO, accompagné des Gardiens-Brigadier Lila ORAGANA et Luca SKYDANCER vous êtes équipé de tonfa, de menottes, de révolver.
>
> Vous êtes à bord d'un véhicule indicatif CONDOR.
>
> Vous êtes en fonction dans la ville de TATAOUINE.
>
> A 16h30, Vous êtes requis par votre station directrice pour une personne ne répondant pas aux appels au 9 rue du temple, TATAOUINE.
>
> Sur place, vous constatez que la maison a une fenêtre entrouverte de laquelle se dégage l'odeur caractéristique des personnes décédée.
>
> La fille de Madame PEUPLUX est sur place et possède les clefs de la maison.
>
> L'officier de permanence de la Police Nationale est le Capitaine William WINDU.
>
> L'Hôpital et le Commissariat sont sur la commune.
>
> Relatez vos diligences.
>
> **Victime :**
> Madame Jeanne PEUPLUX né le 12.05.1933 à MOUSTAFAR. Résidant 9 rue du temple, TATAOUINE.

ARTICLES ANNEXE

Rapport 09

Article 429 code de procédure pénale

Tout procès-verbal ou rapport n'a de valeur probante que s'il est régulier en la forme, si son auteur a agi dans l'exercice de ses fonctions et a rapporté sur une matière de sa compétence ce qu'il a vu, entendu ou constaté personnellement.

Tout procès-verbal d'interrogatoire ou d'audition doit comporter les questions auxquelles il répond.

Art. 122-7 Code pénal

N'est pas pénalement responsable la personne qui, face à un danger actuel ou imminent qui menace elle-même, autrui ou un bien, accomplit un acte nécessaire à la sauvegarde de la personne ou du bien, sauf s'il y a disproportion entre les moyens employés et la gravité de la menace.

Article 122-4 Code pénal

N'est pas pénalement responsable la personne qui accomplit un acte prescrit ou autorisé par des dispositions législatives ou réglementaires. N'est pas pénalement responsable la personne qui accomplit un acte commandé par l'autorité légitime, sauf si cet acte est manifestement illégal.

Article 21 code de procédure pénale

Sont agents de police judiciaire adjoints : [..]
2° Les agents de police municipale ; [..]
Ils ont pour mission :
De seconder, dans l'exercice de leurs fonctions, les officiers de police judiciaire ;
De rendre compte à leurs chefs hiérarchiques de tous crimes, délits ou contraventions dont ils ont connaissance ;
De constater, en se conformant aux ordres de leurs chefs, les infractions à la loi pénale et de recueillir tous les renseignements en vue de découvrir les auteurs de ces infractions, le tout dans le cadre et dans les formes prévues par les lois organiques ou spéciales qui leur sont propres ;
De constater par procès-verbal les contraventions aux dispositions du Code de la route dont la liste est fixée par décret en Conseil d'État ainsi que les contraventions prévues à l'article 621-1 du Code pénal.
Lorsqu'ils constatent une infraction par procès-verbal, les agents de police judiciaire adjoints peuvent recueillir les éventuelles observations du contrevenant.

RAPPORT 10 – LE FOUR A ROULETTE
(Voir le sommaire pour page de la correction)
AVEC CHRONO SANS MÉTHODOLOGIE

> Vous êtes le Gardien Jean-Luc PIKARD, accompagné des Gardiens William RIRER et Eliot MONTGOMERY vous êtes équipé de tonfa, de menottes, de révolver. Vous êtes à bord du véhicule indicatif ENTREPRISE
> Vous êtes de patrouille dans votre ville de JOINVILLE.
>
> De passage, rue CRUSHER, des passants vous interpellent pour un chien se trouvant dans un véhicule sur le parking de l'hypermarché.
>
> Il est 11h du matin, et la température externe avoisine les 30 degrés.
>
> Vous approchez du véhicule et constatez qu'il est en plein soleil et que toutes les vitres sont fermées.
>
> À l'intérieur, sur la banquette arrière, se trouve un chien couché, tirant la langue et respirant très vite.
>
> Relatez vos diligences.
>
> **Propriétaire et conducteur véhicule :**
> Monsieur Jean AIRIENAFAIRE né le 12.05.1975 à Libreville. Résidant 9 rue du tortionnaire Bonneville.
>
> **Information véhicule :**
> Renault Clio, immatriculé AA-123-BB
> Assurance n° 123456 auprès de MONASSURANCE
>
> **Information chien :**
> Nom : Rouky
> Race : Golden retriever
> Identifié par transpondeur n°250 123456789

ARTICLES ANNEXE
Rapport 10

Article 803 code de procédure pénale
Nul ne peut être soumis au port des menottes ou des entraves que s'il est considéré soit comme dangereux pour autrui ou pour lui-même, soit comme susceptible de tenter de prendre la fuite.
Dans ces deux hypothèses, toutes mesures utiles doivent être prises, dans les conditions compatibles avec les exigences de sécurité, pour éviter qu'une personne menottée ou entravée soit photographiée ou fasse l'objet d'un enregistrement audiovisuel.

Article 73 code de procédure pénale
Dans les cas de crime flagrant ou de délit flagrant puni d'une peine d'emprisonnement, toute personne a qualité pour en appréhender l'auteur et le conduire devant l'officier de police judiciaire le plus proche.

Lorsque la personne est présentée devant l'officier de police judiciaire, son placement en garde à vue, lorsque les conditions de cette mesure prévues par le présent code sont réunies, n'est pas obligatoire dès lors qu'elle n'est pas tenue sous la contrainte de demeurer à la disposition des enquêteurs et qu'elle a été informée qu'elle peut à tout moment quitter les locaux de police ou de gendarmerie. Le présent alinéa n'est toutefois pas applicable si la personne a été conduite, sous contrainte, par la force publique devant l'officier de police judiciaire.

Article 429 code de procédure pénale
Tout procès-verbal ou rapport n'a de valeur probante que s'il est régulier en la forme, si son auteur a agi dans l'exercice de ses fonctions et a rapporté sur une matière de sa compétence ce qu'il a vu, entendu ou constaté personnellement.

Article 21 code de procédure pénale

Sont agents de police judiciaire adjoints : [..]
2° Les agents de police municipale ; [..]
Ils ont pour mission :
De seconder, dans l'exercice de leurs fonctions, les officiers de police judiciaire ;
De rendre compte à leurs chefs hiérarchiques de tous crimes, délits ou contraventions dont ils ont connaissance ;
De constater, en se conformant aux ordres de leurs chefs, les infractions à la loi pénale et de recueillir tous les renseignements en vue de découvrir les auteurs de ces infractions, le tout dans le cadre et dans les formes prévues par les lois organiques ou spéciales qui leur sont propres ;
De constater par procès-verbal les contraventions aux dispositions du Code de la route dont la liste est fixée par décret en Conseil d'État ainsi que les contraventions prévues à l'article 621-1 du Code pénal.
Lorsqu'ils constatent une infraction par procès-verbal, les agents de police judiciaire adjoints peuvent recueillir les éventuelles observations du contrevenant.

Art. 122-7 Code pénal

N'est pas pénalement responsable la personne qui, face à un danger actuel ou imminent qui menace elle-même, autrui ou un bien, accomplit un acte nécessaire à la sauvegarde de la personne ou du bien, sauf s'il y a disproportion entre les moyens employés et la gravité de la menace.

Article 122-4 Code pénal

N'est pas pénalement responsable la personne qui accomplit un acte prescrit ou autorisé par des dispositions législatives ou réglementaires. N'est pas pénalement responsable la personne qui accomplit un acte commandé par l'autorité légitime, sauf si cet acte est manifestement illégal.

Article 78-6 code de procédure pénale

Les agents de police judiciaire adjoints [..] sont habilités à relever l'identité des contrevenants pour dresser les procès-verbaux concernant des contraventions aux arrêtés de police du maire, des contraventions au Code de la route que la loi et les règlements les autorisent à verbaliser ou des contraventions qu'ils peuvent constater en vertu d'une disposition législative expresse.
Si le contrevenant refuse ou se trouve dans l'impossibilité de justifier de son identité, l'agent de police judiciaire adjoint mentionné au premier alinéa en rend compte immédiatement à tout officier de police judiciaire de la police nationale ou de la gendarmerie nationale territorialement compétent, qui peut alors lui ordonner sans délai de lui présenter sur-le-champ le contrevenant ou de retenir celui-ci pendant le temps nécessaire à son arrivée ou à celle d'un agent de police judiciaire agissant sous son contrôle. À défaut de cet ordre, l'agent de police judiciaire adjoint mentionné au premier alinéa ne peut retenir le contrevenant. Pendant le temps nécessaire à l'information et à la décision de l'officier de police judiciaire, le contrevenant est tenu de demeurer à la disposition d'un agent mentionné au même premier alinéa. La violation de cette obligation est punie de deux mois d'emprisonnement et de 7 500 € d'amende. Lorsque l'officier de police judiciaire décide de procéder à une vérification d'identité, dans les conditions prévues à l'article 78-3, le délai prévu au troisième alinéa de cet article court à compter du relevé d'identité.

Article 322-1 du Code pénal

La destruction, la dégradation ou la détérioration d'un bien appartenant à autrui est punie de deux ans d'emprisonnement et de 30 000 euros d'amende, sauf s'il n'en est résulté qu'un dommage léger.

Article L214-23 du Code rural

I.- Pour l'exercice des inspections, des contrôles et des interventions de toute nature qu'implique l'exécution des mesures de protection des animaux prévues aux articles L. 214-3 à L. 214-18, L. 215-10 et L. 215-11, des règlements communautaires ayant le même objet et des textes pris pour leur application, les fonctionnaires et agents habilités à cet effet :
1° Ont accès aux locaux et aux installations où se trouvent des animaux, à l'exclusion des domiciles et de la partie des locaux à usage de domicile, entre 8 heures et 20 heures ou en dehors de ces heures lorsque l'accès au public est autorisé ou lorsqu'une activité est en cours ;
2° Peuvent procéder ou faire procéder, de jour et de nuit, à l'ouverture des véhicules à usage professionnel dans lesquels sont transportés des animaux et y pénétrer, sauf si ces véhicules ne sont pas utilisés à des fins professionnelles au moment du contrôle ;
3° Peuvent faire procéder, en présence d'un officier ou d'un agent de police judiciaire, à l'ouverture de tout véhicule lorsque la vie de l'animal est en danger ;
[..]
II.- Dans l'attente de la mesure judiciaire prévue à l'article 99-1 du code de procédure pénale, les agents qui sont mentionnés au I de l'article L. 205-1 et au I du présent article peuvent ordonner la saisie ou le retrait des animaux et, selon les circonstances de l'infraction et l'urgence de la situation, les confier à un tiers, notamment à une fondation ou à une association de protection animale reconnue d'utilité publique ou déclarée, pour une durée qui ne peut excéder trois mois ou les maintenir sous la garde du saisi.

Article R654-1 du code pénal

Hors le cas prévu par l'article 521-1, le fait, sans nécessité, publiquement ou non, d'exercer volontairement des mauvais traitements envers un animal domestique ou apprivoisé ou tenu en captivité est puni de l'amende prévue pour les contraventions de la 4e classe.
En cas de condamnation du propriétaire de l'animal ou si le propriétaire est inconnu, le tribunal peut décider de remettre l'animal à une œuvre de protection animale reconnue d'utilité publique ou déclarée, laquelle pourra librement en disposer.
Les dispositions du présent article ne sont pas applicables aux courses de taureaux lorsqu'une tradition locale ininterrompue peut être invoquée. Elles ne sont pas non plus applicables aux combats de coqs dans les localités où une tradition ininterrompue peut être établie.

RAPPORT 11 – la revanche de la barrière
(voir le sommaire pour page de la correction)

CHRONO ET SANS MÉTHODOLOGIE

Vous êtes le Gardien John SHEPARD accompagné des Gardiens Miranda PARFAITE et Ashley WILLIEMS vous êtes équipé de tonfa, de menottes, de révolver. Vous êtes à bord d'un véhicule indicatif NORMANDIE

Vous êtes en fonction dans la ville de TESSYA.

A 12h30, Vous êtes requis par votre station directrice pour un accident qui serait survenu au 5 de la rue des candélabres.

Sur place, vous constatez la présence d'un véhicule, encastré dans une barrière.

De l'huile et de l'essence coule au sol, des débris jonchent la route.

Une seule voie est encombrée par le véhicule accidenté.
La circulation est dense.

La conductrice est blessée et vous déclare qu'elle a évité un enfant qui traversait la route puis qu'elle a percuté la barrière.

L'officier de permanence de la Gendarmerie est le Major RALENKO.

Relatez vos diligences.

Conductrice :
Madame Samantha TRAYROR né le 12.04.1975 à PALAVENE, Résidant 7 rue de la Citadelle Bonneville.

L'enfant :
Jacob CHRAMBERS, né le 12.01.2010 (10 ans) à TESSIA, habitant au 12 rue des candélabres, TESSYA.

Mère de l'enfant :
Katy CHRAMBERS, née le 16.12.1975 à TESSYA, habitant 12 rue des candélabres, TESSYA.

Information véhicule :
Renault Megane, immatriculé AA-123-BB
Assurance n° 123456 auprès de MONASSURANCE

ARTICLES ANNEXE
Rapport 11

Article 21 code de procédure pénale

Sont agents de police judiciaire adjoints :[..]
2° Les agents de police municipale ; [..]
Ils ont pour mission :
De seconder, dans l'exercice de leurs fonctions, les officiers de police judiciaire ;
De rendre compte à leurs chefs hiérarchiques de tous crimes, délits ou contraventions dont ils ont connaissance ;
De constater, en se conformant aux ordres de leurs chefs, les infractions à la loi pénale et de recueillir tous les renseignements en vue de découvrir les auteurs de ces infractions, le tout dans le cadre et dans les formes prévues par les lois organiques ou spéciales qui leur sont propres ;
De constater par procès-verbal les contraventions aux dispositions du Code de la route dont la liste est fixée par décret en Conseil d'État ainsi que les contraventions prévues à l'article 621-1 du Code pénal.
Lorsqu'ils constatent une infraction par procès-verbal, les agents de police judiciaire adjoints peuvent recueillir les éventuelles observations du contrevenant.

Article 429 code de procédure pénale

Tout procès-verbal ou rapport n'a de valeur probante que s'il est régulier en la forme, si son auteur a agi dans l'exercice de ses fonctions et a rapporté sur une matière de sa compétence ce qu'il a vu, entendu ou constaté personnellement.
Tout procès-verbal d'interrogatoire ou d'audition doit comporter les questions auxquelles il répond.

Article 78-6 code de procédure pénale

Les agents de police judiciaire adjoints [..] sont habilités à relever l'identité des contrevenants pour dresser les procès-verbaux concernant des contraventions aux arrêtés de police du maire, des contraventions au Code de la route que la loi et les règlements les autorisent à verbaliser ou des contraventions qu'ils peuvent constater en vertu d'une disposition législative expresse.
Si le contrevenant refuse ou se trouve dans l'impossibilité de justifier de son identité, l'agent de police judiciaire adjoint mentionné au premier alinéa en rend compte immédiatement à tout officier de police judiciaire de la police nationale ou de la gendarmerie nationale territorialement compétent, qui peut alors lui ordonner sans délai de lui présenter sur-le-champ le contrevenant ou de retenir celui-ci pendant le temps nécessaire à son arrivée ou à celle d'un agent de police judiciaire agissant sous son contrôle. À défaut de cet ordre, l'agent de police judiciaire adjoint mentionné au premier alinéa ne peut retenir le contrevenant. Pendant le temps nécessaire à l'information et à la décision de l'officier de police judiciaire, le contrevenant est tenu de demeurer à la disposition d'un agent mentionné au même premier alinéa. La violation de cette obligation est punie de deux mois d'emprisonnement et de 7 500 € d'amende. Lorsque l'officier de police judiciaire décide de procéder à une vérification d'identité, dans les conditions prévues à l'article 78-3, le délai prévu au troisième alinéa de cet article court à compter du relevé d'identité.

RAPPORT 12 – Ca sens le gaz (voir le sommaire pour page de la correction)

CHRONO ET SANS MÉTHODOLOGIE

Vous êtes le Gardien Manu RYDER accompagné des Gardiens Jeanne BALDER et Robin WILLIAMS.

A 19h30, Vous êtes requis par votre station directrice pour une forte odeur de gaz dans un immeuble au 10 de la rue des senteurs, à ROSEVILLE.

Sur place, vous constatez une forte odeur se dégageant de l'immeuble.
Vous effectuez vos diligences.

Plus tard, vous êtes informés par les pompiers que l'odeur provenait d'un tuyau de gaz percé dans l'appartement de la famille TRAYLOR.
Ces derniers toussent et se plaignent de maux de tête et de vomissements.

Relatez vos diligences.

Victime 1:
Madame Martine TRAYLOR né le 03.04.1933 à ROSEVILLE, Résidant 10 de la rue des senteurs, à ROSEVILLE

Victime 2 :
Monsieur JEAN TRAYLOR, né le 05.11.1975 à ROSEVILLE, Résidant 10 de la rue des senteurs, à ROSEVILLE

Victime 3 :
Madame Kelly CHAMBERS épouse TRAYLOR, née le 16.12.1975 à TESSIA, habitant 10 de la rue des senteurs, à ROSEVILLE

Victime 4 :
Monsieur Jacob TRAYLOR, né le 12.01.2010 (10 ans) à PALAVEN, Résidant 10 de la rue des senteurs, à ROSEVILLE

ARTICLES ANNEXE
Rapport 11

Article 21 code de procédure pénale

Sont agents de police judiciaire adjoints :[..]
2° Les agents de police municipale ; [..]
Ils ont pour mission :
De seconder, dans l'exercice de leurs fonctions, les officiers de police judiciaire ;
De rendre compte à leurs chefs hiérarchiques de tous crimes, délits ou contraventions dont ils ont connaissance ;
De constater, en se conformant aux ordres de leurs chefs, les infractions à la loi pénale et de recueillir tous les renseignements en vue de découvrir les auteurs de ces infractions, le tout dans le cadre et dans les formes prévues par les lois organiques ou spéciales qui leur sont propres ;
De constater par procès-verbal les contraventions aux dispositions du Code de la route dont la liste est fixée par décret en Conseil d'État ainsi que les contraventions prévues à l'article 621-1 du Code pénal.
Lorsqu'ils constatent une infraction par procès-verbal, les agents de police judiciaire adjoints peuvent recueillir les éventuelles observations du contrevenant.

Article 429 code de procédure pénale

Tout procès-verbal ou rapport n'a de valeur probante que s'il est régulier en la forme, si son auteur a agi dans l'exercice de ses fonctions et a rapporté sur une matière de sa compétence ce qu'il a vu, entendu ou constaté personnellement.
Tout procès-verbal d'interrogatoire ou d'audition doit comporter les questions auxquelles il répond.

Article 78-6 code de procédure pénale

Les agents de police judiciaire adjoints [..] sont habilités à relever l'identité des contrevenants pour dresser les procès-verbaux concernant des contraventions aux arrêtés de police du maire, des contraventions au Code de la route que la loi et les règlements les autorisent à verbaliser ou des contraventions qu'ils peuvent constater en vertu d'une disposition législative expresse.
Si le contrevenant refuse ou se trouve dans l'impossibilité de justifier de son identité, l'agent de police judiciaire adjoint mentionné au premier alinéa en rend compte immédiatement à tout officier de police judiciaire de la police nationale ou de la gendarmerie nationale territorialement compétent, qui peut alors lui ordonner sans délai de lui présenter sur-le-champ le contrevenant ou de retenir celui-ci pendant le temps nécessaire à son arrivée ou à celle d'un agent de police judiciaire agissant sous son contrôle. À défaut de cet ordre, l'agent de police judiciaire adjoint mentionné au premier alinéa ne peut retenir le contrevenant. Pendant le temps nécessaire à l'information et à la décision de l'officier de police judiciaire, le contrevenant est tenu de demeurer à la disposition d'un agent mentionné au même premier alinéa. La violation de cette obligation est punie de deux mois d'emprisonnement et de 7 500 € d'amende. Lorsque l'officier de police judiciaire décide de procéder à une vérification d'identité, dans les conditions prévues à l'article 78-3, le délai prévu au troisième alinéa de cet article court à compter du relevé d'identité.

RAPPORT 13 – motocross (voir le sommaire pour page de la correction)

CHRONO ET SANS MÉTHODOLOGIE

Vous êtes le Gardien Maurice DUPOND, accompagné des Gardiens Johan LOUIS, Roméo MONTAIGU et Catherine DURAND.
Vous êtes équipés de tonfa, de menottes, de révolver. Vous êtes à bord d'un véhicule de patrouille dans la ville de LITANI.

A 18h30, Vous êtes requis par un citoyen qui vous informe qu'il viendrait de se produire un accident dans la rue Patate.

Sur place, vous constatez une motocross au sol.
Un jeune homme, le conducteur, est présent et se tient la jambe, cette dernière est déformée.
Il n'y a aucun casque sur les lieux.
À l'avant de la moto se trouve un petit garçon couché au sol inconscient.
À côté de lui se trouve sa mère qui crie et pleure.
En dessous d'eux se trouve un passage piéton.

Autour de la scène, les véhicules sont arrêtés et les badauds sont de plus en plus nombreux

Vous êtes informé par un témoin que le conducteur était sans casque et effectuait une roue arrière lorsqu'il a percuté l'enfant.

Relatez vos diligences.

Conducteur motocross :
Monsieur Kévin NIMP né le 12.04.2004 (16 ans) à LITANI, Résidant 7 rue de la Stupidité, à LITANI.

L'enfant :
Tom TAYLOR, né le 12.01.2010 (10 ans) à LITANI, habitant au 12 rue Patate, à LITANI.

Mère de l'enfant :
Kelly TAYLOR, née le 16.12.1975 à LITANI, habitant 12 rue Patate, à LITANI.

Information véhicule :
Motocross non immatriculé, numéro de moteur 123456789

Identité témoin :
Monsieur Patrick ETOILE né le 12.04.1960 à LITANI, Résidant 21 rue de la Garde, à LITANI.

ARTICLES ANNEXE
Rapport 13

Article 73 code de procédure pénale
Dans les cas de crime flagrant ou de délit flagrant puni d'une peine d'emprisonnement, toute personne a qualité pour en appréhender l'auteur et le conduire devant l'officier de police judiciaire le plus proche.

Lorsque la personne est présentée devant l'officier de police judiciaire, son placement en garde à vue, lorsque les conditions de cette mesure prévues par le présent code sont réunies, n'est pas obligatoire dès lors qu'elle n'est pas tenue sous la contrainte de demeurer à la disposition des enquêteurs et qu'elle a été informée qu'elle peut à tout moment quitter les locaux de police ou de gendarmerie. Le présent alinéa n'est toutefois pas applicable si la personne a été conduite, sous contrainte, par la force publique devant l'officier de police judiciaire.

Article 429 code de procédure pénale
Tout procès-verbal ou rapport n'a de valeur probante que s'il est régulier en la forme, si son auteur a agi dans l'exercice de ses fonctions et a rapporté sur une matière de sa compétence ce qu'il a vu, entendu ou constaté personnellement.

Tout procès-verbal d'interrogatoire ou d'audition doit comporter les questions auxquelles il répond.

Article R431-1 du code de la route

En circulation, tout conducteur ou passager d'une motocyclette, d'un tricycle à moteur, d'un quadricycle à moteur ou d'un cyclomoteur doit être coiffé d'un casque de type homologué. Ce casque doit être attaché.

Le fait, pour tout conducteur ou passager, de contrevenir aux dispositions du présent article est puni de l'amende prévue pour les contraventions de la quatrième classe.

Conformément à l'article L. 431-1, le véhicule à deux-roues à moteur dont le conducteur circule sans être coiffé d'un casque de type homologué ou sans que ce casque soit attaché peut être immobilisé dans les conditions prévues aux articles L. 325-1 à L. 325-3.

Lorsque cette contravention est commise par le conducteur, elle donne lieu de plein droit à la réduction de trois points du permis de conduire.

Article R412-6 du code de la route

I.-Tout véhicule en mouvement ou tout ensemble de véhicules en mouvement doit avoir un conducteur. Celui-ci doit, à tout moment, adopter un comportement prudent et respectueux envers les autres usagers des voies ouvertes à la circulation. Il doit notamment faire preuve d'une prudence accrue à l'égard des usagers les plus vulnérables.

II.-Tout conducteur doit se tenir constamment en état et en position d'exécuter commodément et sans délai toutes les manœuvres qui lui incombent. Ses possibilités de mouvement et son champ de vision ne doivent pas être réduits par le nombre ou la position des passagers, par les objets transportés ou par l'apposition d'objets non transparents sur les vitres.

III.-Le fait, pour tout conducteur, de contrevenir aux dispositions du II ci-dessus est puni de l'amende prévue pour les contraventions de la deuxième classe.

IV.-En cas d'infraction aux dispositions du II ci-dessus, l'immobilisation du véhicule peut être prescrite dans les conditions prévues aux articles L. 325-1 à L. 325-3.

Article 803 code de procédure pénale

Nul ne peut être soumis au port des menottes ou des entraves que s'il est considéré soit comme dangereux pour autrui ou pour lui-même, soit comme susceptible de tenter de prendre la fuite.

Dans ces deux hypothèses, toutes mesures utiles doivent être prises, dans les conditions compatibles avec les exigences de sécurité, pour éviter qu'une personne menottée ou entravée soit photographiée ou fasse l'objet d'un enregistrement audiovisuel.

Article 78-6 code de procédure pénale

Les agents de police judiciaire adjoints [..] sont habilités à relever l'identité des contrevenants pour dresser les procès-verbaux concernant des contraventions aux arrêtés de police du maire, des contraventions au Code de la route que la loi et les règlements les autorisent à verbaliser ou des contraventions qu'ils peuvent constater en vertu d'une disposition législative expresse.

Si le contrevenant refuse ou se trouve dans l'impossibilité de justifier de son identité, l'agent de police judiciaire adjoint mentionné au premier alinéa en rend compte immédiatement à tout officier de police judiciaire de la police nationale ou de la gendarmerie nationale territorialement compétent, qui peut alors lui ordonner sans délai de lui présenter sur-le-champ le contrevenant ou de retenir celui-ci pendant le temps nécessaire à son arrivée ou à celle d'un agent de police judiciaire agissant sous son contrôle. À défaut de cet ordre, l'agent de police judiciaire adjoint mentionné au premier alinéa ne peut retenir le contrevenant. Pendant le temps nécessaire à l'information et à la décision de l'officier de police judiciaire, le contrevenant est tenu de demeurer à la disposition d'un agent mentionné au même premier alinéa. La violation de cette obligation est punie de deux mois d'emprisonnement et de 7 500 € d'amende. Lorsque l'officier de police judiciaire décide de procéder à une vérification d'identité, dans les conditions prévues à l'article 78-3, le délai prévu au troisième alinéa de cet article court à compter du relevé d'identité.

Article 21 code de procédure pénale

Sont agents de police judiciaire adjoints :[..]
2° Les agents de police municipale ; [..]
Ils ont pour mission :
De seconder, dans l'exercice de leurs fonctions, les officiers de police judiciaire ;
De rendre compte à leurs chefs hiérarchiques de tous crimes, délits ou contraventions dont ils ont connaissance ;
De constater, en se conformant aux ordres de leurs chefs, les infractions à la loi pénale et de recueillir tous les renseignements en vue de découvrir les auteurs de ces infractions, le tout dans le cadre et dans les formes prévues par les lois organiques ou spéciales qui leur sont propres ;
De constater par procès-verbal les contraventions aux dispositions du Code de la route dont la liste est fixée par décret en Conseil d'État ainsi que les contraventions prévues à l'article 621-1 du Code pénal.
Lorsqu'ils constatent une infraction par procès-verbal, les agents de police judiciaire adjoints peuvent recueillir les éventuelles observations du contrevenant.

RAPPORT 14 – Tel est pris (voir le sommaire pour page de la correction)

CHRONO ET SANS MÉTHODOLOGIE

> Vous êtes le Gardien Jean DITTOUT, accompagné des Gardiens Robert PIRLOUIS, Alice VENDRI et Kévin FRAIS.
>
> Vous êtes équipés de votre téléphone de service, d'une caméra individuelle et de votre appareil de verbalisation.
>
> Vous êtes à bord d'un véhicule de patrouille, rue Filaterie.
>
> À 14h30, Vous êtes requis par un riverain qui vous signale qu'un individu est à l'intérieur du POLE EMPLOI du 21 rue Filaterie, à ANNECY
>
> Sur place, vous constatez des gens qui sortent, en panique du bâtiment.
> L'un d'eux vous dit qu'un individu armé d'un couteau est à l'intérieur et qu'il demande que les agents de l'accueil lui remettent l'argent de la caisse.
>
> Le Commissariat est sur la commune.
> L'officier de permanence est le Lieutenant John RABOT
>
> **Individu armé :**
> Monsieur Arnold SWARZ né le 01.05.1990 à Annecy, Résidant 7 rue de Seynod, à Annecy.

ARTICLES ANNEXE
Rapport 14

Article 73 code de procédure pénale

Dans les cas de crime flagrant ou de délit flagrant puni d'une peine d'emprisonnement, toute personne a qualité pour en appréhender l'auteur et le conduire devant l'officier de police judiciaire le plus proche.

Lorsque la personne est présentée devant l'officier de police judiciaire, son placement en garde à vue, lorsque les conditions de cette mesure prévues par le présent code sont réunies, n'est pas obligatoire dès lors qu'elle n'est pas tenue sous la contrainte de demeurer à la disposition des enquêteurs et qu'elle a été informée qu'elle peut à tout moment quitter les locaux de police ou de gendarmerie. Le présent alinéa n'est toutefois pas applicable si la personne a été conduite, sous contrainte, par la force publique devant l'officier de police judiciaire.

Article 429 code de procédure pénale

Tout procès-verbal ou rapport n'a de valeur probante que s'il est régulier en la forme, si son auteur a agi dans l'exercice de ses fonctions et a rapporté sur une matière de sa compétence ce qu'il a vu, entendu ou constaté personnellement.
Tout procès-verbal d'interrogatoire ou d'audition doit comporter les questions auxquelles il répond.

Article L241-2 du code de la sécurité intérieure

Dans l'exercice de leurs missions de prévention des atteintes à l'ordre public et de protection de la sécurité des personnes et des biens ainsi que de leurs missions de police judiciaire, les agents de police municipale peuvent être autorisés, par le représentant de l'Etat dans le département, à procéder en tous lieux, au moyen de caméras individuelles, à un enregistrement audiovisuel de leurs interventions lorsque se produit ou est susceptible de se produire un incident, eu égard aux circonstances de l'intervention ou au comportement des personnes concernées.

L'enregistrement n'est pas permanent.
Les enregistrements ont pour finalités la prévention des incidents au cours des interventions des agents de police municipale, le constat des infractions et la poursuite de leurs auteurs par la collecte de preuves ainsi que la formation et la pédagogie des agents.

Les caméras sont portées de façon apparente par les agents. Un signal visuel spécifique indique si la caméra enregistre. Le déclenchement de l'enregistrement fait l'objet d'une information des personnes filmées, sauf si les circonstances l'interdisent. Une information générale du public sur l'emploi de ces caméras est organisée par le ministre de l'intérieur. Les personnels auxquels les caméras individuelles sont fournies ne peuvent avoir accès directement aux enregistrements auxquels ils procèdent.

Les enregistrements audiovisuels, hors le cas où ils sont utilisés dans le cadre d'une procédure judiciaire, administrative ou disciplinaire, sont effacés au bout de six mois.

Article 803 code de procédure pénale

Nul ne peut être soumis au port des menottes ou des entraves que s'il est considéré soit comme dangereux pour autrui ou pour lui-même, soit comme susceptible de tenter de prendre la fuite.
Dans ces deux hypothèses, toutes mesures utiles doivent être prises, dans les conditions compatibles avec les exigences de sécurité, pour éviter qu'une personne menottée ou entravée soit photographiée ou fasse l'objet d'un enregistrement audiovisuel.

Article 78-6 code de procédure pénale

Les agents de police judiciaire adjoints [..] sont habilités à relever l'identité des contrevenants pour dresser les procès-verbaux concernant des contraventions aux arrêtés de police du maire, des contraventions au Code de la route que la loi et les règlements les autorisent à verbaliser ou des contraventions qu'ils peuvent constater en vertu d'une disposition législative expresse.

Si le contrevenant refuse ou se trouve dans l'impossibilité de justifier de son identité, l'agent de police judiciaire adjoint mentionné au premier alinéa en rend compte immédiatement à tout officier de police judiciaire de la police nationale ou de la gendarmerie nationale territorialement compétent, qui peut alors lui ordonner sans délai de lui présenter sur-le-champ le contrevenant ou de retenir celui-ci pendant le temps nécessaire à son arrivée ou à celle d'un agent de police judiciaire agissant sous son contrôle. À défaut de cet ordre, l'agent de police judiciaire adjoint mentionné au premier alinéa ne peut retenir le contrevenant. Pendant le temps nécessaire à l'information et à la décision de l'officier de police judiciaire, le contrevenant est tenu de demeurer à la disposition d'un agent mentionné au même premier alinéa. La violation de cette obligation est punie de deux mois d'emprisonnement et de 7 500 € d'amende. Lorsque l'officier de police judiciaire décide de procéder à une vérification d'identité, dans les conditions prévues à l'article 78-3, le délai prévu au troisième alinéa de cet article court à compter du relevé d'identité.

Article 21 code de procédure pénale

Sont agents de police judiciaire adjoints :[..]
2° Les agents de police municipale ; [..]
Ils ont pour mission :
De seconder, dans l'exercice de leurs fonctions, les officiers de police judiciaire ;
De rendre compte à leurs chefs hiérarchiques de tous crimes, délits ou contraventions dont ils ont connaissance ;
De constater, en se conformant aux ordres de leurs chefs, les infractions à la loi pénale et de recueillir tous les renseignements en vue de découvrir les auteurs de ces infractions, le tout dans le cadre et dans les formes prévues par les lois organiques ou spéciales qui leur sont propres ;
De constater par procès-verbal les contraventions aux dispositions du Code de la route dont la liste est fixée par décret en Conseil d'État ainsi que les contraventions prévues à l'article 621-1 du Code pénal.
Lorsqu'ils constatent une infraction par procès-verbal, les agents de police judiciaire adjoints peuvent recueillir les éventuelles observations du contrevenant.

Article 311-1 du Code pénal

Le vol est la soustraction frauduleuse de la chose d'autrui.

Article 311-3 du Code pénal

Le vol est puni de trois ans d'emprisonnement et de 45 000 euros d'amende.

Article 311-4 du Code pénal

Le vol est puni de cinq ans d'emprisonnement et de 75 000 euros d'amende :
1° Lorsqu'il est commis par plusieurs personnes agissant en qualité d'auteur ou de complice, sans qu'elles constituent une bande organisée ;
2° Lorsqu'il est commis par une personne dépositaire de l'autorité publique ou chargée d'une mission de service public, dans l'exercice ou à l'occasion de l'exercice de ses fonctions ou de sa mission ;
3° Lorsqu'il est commis par une personne qui prend indûment la qualité d'une personne dépositaire de l'autorité publique ou chargée d'une mission de service public ;
4° Lorsqu'il est précédé, accompagné ou suivi de violences sur autrui n'ayant pas entraîné une incapacité totale de travail ;
5° Lorsqu'il porte sur du matériel destiné à prodiguer des soins de premiers secours ;
6° Lorsqu'il est commis dans un local d'habitation ou dans un lieu utilisé ou destiné à l'entrepôt de fonds, valeurs, marchandises ou matériels ;
7° Lorsqu'il est commis dans un véhicule affecté au transport collectif de voyageurs ou dans un lieu destiné à l'accès à un moyen de transport collectif de voyageurs ;
8° Lorsqu'il est précédé, accompagné ou suivi d'un acte de destruction, dégradation ou détérioration ;
10° Lorsqu'il est commis par une personne dissimulant volontairement en tout ou partie son visage afin de ne pas être identifiée ;
11° Lorsqu'il est commis dans les établissements d'enseignement ou d'éducation ainsi que, lors des entrées ou sorties des élèves ou dans un temps très voisin de celles-ci, aux abords de ces établissements.
Les peines sont portées à sept ans d'emprisonnement et à 100 000 euros d'amende lorsque le vol est commis dans deux des circonstances prévues par le présent article. Elles sont portées à dix ans d'emprisonnement et à 150 000 euros d'amende lorsque le vol est commis dans trois de ces circonstances.

Article 311-8 du Code pénal

Le vol est puni de vingt ans de réclusion criminelle et de 150 000 euros d'amende lorsqu'il est commis soit avec usage ou menace d'une arme, soit par une personne porteuse d'une arme soumise à autorisation ou dont le port est prohibé.
Les deux premiers alinéas de l'article 132-23 relatif à la période de sûreté sont applicables à l'infraction prévue par le présent article.

RAPPORT 15 – une odeur d'enfer (voir le sommaire pour page de la correction)

CHRONO ET SANS MÉTHODOLOGIE

> Vous êtes le Brigadier-chef principal Robert JOUR, accompagné des Gardiens-brigadier Johan LOUIS et Catherine DURAND.
> Vous patrouillez dans votre ville d'affectation, ACIDELAND
>
> A 15h00, Vous êtes requis par votre poste central qui vous demande de vous rendre au 54 de la rue Berthe pour une odeur suspecte.
>
> Nous sommes au mois de décembre, la température extérieure est de 5 degrés.
>
> Sur place, vous constatez un regroupement de voisins.
> Ces derniers vous informent que ça sent le fioul dans toute la rue.
> Un couple de personnes âgées vient à vous.
>
> Ce sont les propriétaires du 54 de la rue Berthe. Ils vous informent que leur cuve à fioul a une fuite et que le réparateur est à l'œuvre pour la réparer.
>
> Le réparateur vous informe qu'environs 150 litres de fioul se serait déversé dans la nature et que ladite fuite serait due à une cuve non conforme.
> La réparation, étant faite, il quitte les lieux.
>
> Expliquez vos actions.
>
> <u>Propriétaires de la maison :</u>
> Monsieur Raymond LEVIEUX né le 12.04.1930 à ACIDELAND, Résidant 54 rue Berthe, à ACIDELAND.
>
> Madame Raymonde LEVIEUX, née le 16.12.1931 à ACIDELAND, habitant 54 rue Berthe, à ACIDELAND.

ARTICLES ANNEXE
Rapport 15

Article 429 code de procédure pénale
Tout procès-verbal ou rapport n'a de valeur probante que s'il est régulier en la forme, si son auteur a agi dans l'exercice de ses fonctions et a rapporté sur une matière de sa compétence ce qu'il a vu, entendu ou constaté personnellement.
Tout procès-verbal d'interrogatoire ou d'audition doit comporter les questions auxquelles il répond.

Article 803 code de procédure pénale
Nul ne peut être soumis au port des menottes ou des entraves que s'il est considéré soit comme dangereux pour autrui ou pour lui-même, soit comme susceptible de tenter de prendre la fuite.
Dans ces deux hypothèses, toutes mesures utiles doivent être prises, dans les conditions compatibles avec les exigences de sécurité, pour éviter qu'une personne menottée ou entravée soit photographiée ou fasse l'objet d'un enregistrement audiovisuel.

Article 73 code de procédure pénale
Dans les cas de crime flagrant ou de délit flagrant puni d'une peine d'emprisonnement, toute personne a qualité pour en appréhender l'auteur et le conduire devant l'officier de police judiciaire le plus proche.
Lorsque la personne est présentée devant l'officier de police judiciaire, son placement en garde à vue, lorsque les conditions de cette mesure prévues par le présent code sont réunies, n'est pas obligatoire dès lors qu'elle n'est pas tenue sous la contrainte de demeurer à la disposition des enquêteurs et qu'elle a été informée qu'elle peut à tout moment quitter les locaux de police ou de gendarmerie. Le présent alinéa n'est toutefois pas applicable si la personne a été conduite, sous contrainte, par la force publique devant l'officier de police judiciaire.

Article 78-6 code de procédure pénale
Les agents de police judiciaire adjoints [..] sont habilités à relever l'identité des contrevenants pour dresser les procès-verbaux concernant des contraventions aux arrêtés de police du maire, des contraventions au Code de la route que la loi et les règlements les autorisent à verbaliser ou des contraventions qu'ils peuvent constater en vertu d'une disposition législative expresse.
Si le contrevenant refuse ou se trouve dans l'impossibilité de justifier de son identité, l'agent de police judiciaire adjoint mentionné au premier alinéa en rend compte immédiatement à tout officier de police judiciaire de la police nationale ou de la gendarmerie nationale territorialement compétent, qui peut alors lui ordonner sans délai de lui présenter sur-le-champ le contrevenant ou de retenir celui-ci pendant le temps nécessaire à son arrivée ou à celle d'un agent de police judiciaire agissant sous son contrôle. À défaut de cet ordre, l'agent de police judiciaire adjoint mentionné au premier alinéa ne peut retenir le contrevenant. Pendant le temps nécessaire à l'information et à la décision de l'officier de police judiciaire, le contrevenant est tenu de demeurer à la disposition d'un agent mentionné au même premier alinéa. La violation de cette obligation est punie de deux mois d'emprisonnement et de 7 500 € d'amende. Lorsque l'officier de police judiciaire décide de procéder à une vérification d'identité, dans les conditions prévues à l'article 78-3, le délai prévu au troisième alinéa de cet article court à compter du relevé d'identité.

Article R633-6 du code pénal
Hors les cas prévus par les articles R. 635-8 et R. 644-2, est puni de l'amende prévue pour les contraventions de la 3e classe le fait de déposer, d'abandonner, de jeter ou de déverser, en lieu public ou privé, à l'exception des emplacements désignés à cet effet par l'autorité administrative compétente, des ordures, déchets, déjections, matériaux, liquides insalubres ou tout autre objet de quelque nature qu'il soit, y compris en urinant sur la voie publique, si ces faits ne sont pas accomplis par la personne ayant la jouissance du lieu ou avec son autorisation.

RAPPORT 16 – jeux de guerre (voir le sommaire pour page de la correction)

CHRONO ET SANS MÉTHODOLOGIE

Vous êtes le Gardien Adam TROISJOUR, accompagné des Gardiens Alain PROVIST, Roméo MONTAIGU et Agathe THEBLOUSE.

Vous êtes équipés de matraque télescopique, de menottes, de révolver et d'une caméra individuelle.

Vous êtes à bord d'un véhicule de patrouille dans la ville de XVILLE.

À 15h30, rue Hauteclair, vous êtes requis par une dame terrorisée qui vous signale que 2 jeunes individus, vêtus de tenues paramilitaires et armés de pistolets, sont dans le parc qui se situe plus bas dans la rue.

Sur place, au parc municipal de « Chanteclair », vous constatez effectivement 2 jeunes garçons d'environ 15 ans portants tenues militaire et pistolets noirs, s'amusant à viser les usagers du parc et à tirer dans leur direction.

Les jeunes hommes vous informent que ce sont des répliques airsoft de pistolet 9mm.
Vous constatez qu'elles sont très bien imitées.

Relatez vos diligences.

<u>Premier individu :</u>
Monsieur Alphonse DANSLEMUR, né le 12.04.2005 (16 ans) à XVILLE, Résidant 7 rue de la Drome, à XVILLE.

<u>Second individu :</u>
Monsieur Alonzo BALMASKER, né le 05.01.2006 (15 ans) à XVILLE, habitant au 10 rue de la Drome, à XVILLE.

ARTICLES ANNEXE
Rapport 16

Article R311-1 Code de la Sécurité Intérieure
[…] 5° du paragraphe II : Arme factice : objet ayant l'apparence d'une arme à feu susceptible d'expulser un projectile non métallique avec une énergie à la bouche inférieure à 2 joules.

Article 132-75 du Code pénal
[…] Est assimilé à une arme tout objet qui, présentant avec l'arme définie au premier alinéa une ressemblance de nature à créer une confusion, est utilisé pour menacer de tuer ou de blesser ou est destiné, par celui qui en est porteur, à menacer de tuer ou de blesser.

Article 73 code de procédure pénale
Dans les cas de crime flagrant ou de délit flagrant puni d'une peine d'emprisonnement, toute personne a qualité pour en appréhender l'auteur et le conduire devant l'officier de police judiciaire le plus proche.

Lorsque la personne est présentée devant l'officier de police judiciaire, son placement en garde à vue, lorsque les conditions de cette mesure prévues par le présent code sont réunies, n'est pas obligatoire dès lors qu'elle n'est pas tenue sous la contrainte de demeurer à la disposition des enquêteurs et qu'elle a été informée qu'elle peut à tout moment quitter les locaux de police ou de gendarmerie. Le présent alinéa n'est toutefois pas applicable si la personne a été conduite, sous contrainte, par la force publique devant l'officier de police judiciaire.

Article L241-2 du code de la sécurité intérieure

Dans l'exercice de leurs missions de prévention des atteintes à l'ordre public et de protection de la sécurité des personnes et des biens ainsi que de leurs missions de police judiciaire, les agents de police municipale peuvent être autorisés, par le représentant de l'Etat dans le département, à procéder en tous lieux, au moyen de caméras individuelles, à un enregistrement audiovisuel de leurs interventions lorsque se produit ou est susceptible de se produire un incident, eu égard aux circonstances de l'intervention ou au comportement des personnes concernées.

L'enregistrement n'est pas permanent.
Les enregistrements ont pour finalités la prévention des incidents au cours des interventions des agents de police municipale, le constat des infractions et la poursuite de leurs auteurs par la collecte de preuves ainsi que la formation et la pédagogie des agents.

Les caméras sont portées de façon apparente par les agents. Un signal visuel spécifique indique si la caméra enregistre. Le déclenchement de l'enregistrement fait l'objet d'une information des personnes filmées, sauf si les circonstances l'interdisent. Une information générale du public sur l'emploi de ces caméras est organisée par le ministre de l'intérieur. Les personnels auxquels les caméras individuelles sont fournies ne peuvent avoir accès directement aux enregistrements auxquels ils procèdent.

Les enregistrements audiovisuels, hors le cas où ils sont utilisés dans le cadre d'une procédure judiciaire, administrative ou disciplinaire, sont effacés au bout de six mois.

Article 803 code de procédure pénale
Nul ne peut être soumis au port des menottes ou des entraves que s'il est considéré soit comme dangereux pour autrui ou pour lui-même, soit comme susceptible de tenter de prendre la fuite.
Dans ces deux hypothèses, toutes mesures utiles doivent être prises, dans les conditions compatibles avec les exigences de sécurité, pour éviter qu'une personne menottée ou entravée soit photographiée ou fasse l'objet d'un enregistrement audiovisuel.

Article 78-6 code de procédure pénale

Les agents de police judiciaire adjoints [..] sont habilités à relever l'identité des contrevenants pour dresser les procès-verbaux concernant des contraventions aux arrêtés de police du maire, des contraventions au Code de la route que la loi et les règlements les autorisent à verbaliser ou des contraventions qu'ils peuvent constater en vertu d'une disposition législative expresse.

Si le contrevenant refuse ou se trouve dans l'impossibilité de justifier de son identité, l'agent de police judiciaire adjoint mentionné au premier alinéa en rend compte immédiatement à tout officier de police judiciaire de la police nationale ou de la gendarmerie nationale territorialement compétent, qui peut alors lui ordonner sans délai de lui présenter sur-le-champ le contrevenant ou de retenir celui-ci pendant le temps nécessaire à son arrivée ou à celle d'un agent de police judiciaire agissant sous son contrôle. À défaut de cet ordre, l'agent de police judiciaire adjoint mentionné au premier alinéa ne peut retenir le contrevenant. Pendant le temps nécessaire à l'information et à la décision de l'officier de police judiciaire, le contrevenant est tenu de demeurer à la disposition d'un agent mentionné au même premier alinéa. La violation de cette obligation est punie de deux mois d'emprisonnement et de 7 500 € d'amende. Lorsque l'officier de police judiciaire décide de procéder à une vérification d'identité, dans les conditions prévues à l'article 78-3, le délai prévu au troisième alinéa de cet article court à compter du relevé d'identité.

Article 21 code de procédure pénale
Sont agents de police judiciaire adjoints :[..]
2° Les agents de police municipale ; [..]

Article 433-14 du code pénal
Est puni d'un an d'emprisonnement et de 15 000 euros d'amende le fait, par toute personne, publiquement et sans droit :
1° De porter un costume, un uniforme ou une décoration réglementés par l'autorité publique [.

Article 53 code de procédure pénale
Est qualifié crime ou délit flagrant le crime ou le délit qui se commet actuellement, ou qui vient de se commettre. Il y a aussi crime ou délit flagrant lorsque, dans un temps très voisin de l'action, la personne soupçonnée est poursuivie par la clameur publique, ou est trouvée en possession d'objets, ou présente des traces ou indices, laissant penser qu'elle a participé au crime ou au délit.

Article 222-54 du code pénal
Le fait de porter ou de transporter, hors de son domicile, sans motif légitime, et sous réserve des exceptions résultant des articles L. 315-1 et L. 315-2 du code de la sécurité intérieure, des matériels de guerre, armes, éléments d'armes ou munitions relevant des catégories A ou B, même en en étant régulièrement détenteur, est puni de sept ans d'emprisonnement et de 100 000 € d'amende.

Les peines sont portées à dix ans d'emprisonnement et à 500 000 € d'amende si l'auteur des faits a été antérieurement condamné pour une ou plusieurs infractions mentionnées aux articles 706-73 et 706-73-1 du code de procédure pénale à une peine égale ou supérieure à un an d'emprisonnement ferme.

Les mêmes peines sont applicables si deux personnes au moins sont trouvées ensemble porteuses de matériels de guerre, armes, éléments d'armes ou munitions ou si le transport est effectué par au moins deux personnes.

RAPPORT 17 – nom d'un chien (voir le sommaire pour page de la correction)

CHRONO ET SANS MÉTHODOLOGIE

Vous êtes le Gardien Alain TERIEUR, accompagné des Gardiens Armand TALO et Annie MALE.

Vous êtes équipés de matraque télescopique, de menottes, de révolver.
Vous êtes de patrouille pédestre dans la rue Roland, ville de BONNEVILLE.

A 12h40, Vous entrez dans le parc municipal et vous constatez la présence d'un homme accompagné d'un chien de type Rottweiler non muselé et sans laisse.

Vous prenez contact avec l'individu et lui demandez les documents du chien ainsi que sa pièce d'identité.

L'homme est verbalement agressif et vous informe qu'il n'a que sa pièce d'identité et aucuns papiers pour le chien.

Expliquez votre intervention

<u>Propriétaire du chien :</u>
Monsieur Robert MENFOUT né le 06.09.1970 à BONNEVILLE, Résidant 105 rue de la Mer, à BONNEVILLE.

<u>Le chien :</u>
REX, type rottweiler, né le 12.01.2015 (5 ans), numéro de tatouage 1XCVD

ARTICLES ANNEXE
Rapport 17

Article 73 code de procédure pénale

Dans les cas de crime flagrant ou de délit flagrant puni d'une peine d'emprisonnement, toute personne a qualité pour en appréhender l'auteur et le conduire devant l'officier de police judiciaire le plus proche.

Lorsque la personne est présentée devant l'officier de police judiciaire, son placement en garde à vue, lorsque les conditions de cette mesure prévues par le présent code sont réunies, n'est pas obligatoire dès lors qu'elle n'est pas tenue sous la contrainte de demeurer à la disposition des enquêteurs et qu'elle a été informée qu'elle peut à tout moment quitter les locaux de police ou de gendarmerie. Le présent alinéa n'est toutefois pas applicable si la personne a été conduite, sous contrainte, par la force publique devant l'officier de police judiciaire.

Article 803 code de procédure pénale

Nul ne peut être soumis au port des menottes ou des entraves que s'il est considéré soit comme dangereux pour autrui ou pour lui-même, soit comme susceptible de tenter de prendre la fuite.
Dans ces deux hypothèses, toutes mesures utiles doivent être prises, dans les conditions compatibles avec les exigences de sécurité, pour éviter qu'une personne menottée ou entravée soit photographiée ou fasse l'objet d'un enregistrement audiovisuel.

Article 78-6 code de procédure pénale

Les agents de police judiciaire adjoints [..] sont habilités à relever l'identité des contrevenants pour dresser les procès-verbaux concernant des contraventions aux arrêtés de police du maire, des contraventions au Code de la route que la loi et les règlements les autorisent à verbaliser ou des contraventions qu'ils peuvent constater en vertu d'une disposition législative expresse.
Si le contrevenant refuse ou se trouve dans l'impossibilité de justifier de son identité, l'agent de police judiciaire adjoint mentionné au premier alinéa en rend compte immédiatement à tout officier de police judiciaire de la police nationale ou de la gendarmerie nationale territorialement compétent, qui peut alors lui ordonner sans délai de lui présenter sur-le-champ le contrevenant ou de retenir celui-ci pendant le temps nécessaire à son arrivée ou à celle d'un agent de police judiciaire agissant sous son contrôle. À défaut de cet ordre, l'agent de police judiciaire adjoint mentionné au premier alinéa ne peut retenir le contrevenant. Pendant le temps nécessaire à l'information et à la décision de l'officier de police judiciaire, le contrevenant est tenu de demeurer à la disposition d'un agent mentionné au même premier alinéa. La violation de cette obligation est punie de deux mois d'emprisonnement et de 7 500 € d'amende. Lorsque l'officier de police judiciaire décide de procéder à une vérification d'identité, dans les conditions prévues à l'article 78-3, le délai prévu au troisième alinéa de cet article court à compter du relevé d'identité.

Article L211-12 du code rural

Les types de chiens susceptibles d'être dangereux faisant l'objet des mesures spécifiques prévues par les articles L. 211-13, L. 211-13-1, L. 211-14, L. 211-15 et L. 211-16, sans préjudice des dispositions de l'article L. 211-11, sont répartis en deux catégories :
1° Première catégorie : les chiens d'attaque ; (type titt bull)
2° Deuxième catégorie : les chiens de garde et de défense. (type rottweiler)

Un arrêté du ministre de l'intérieur et du ministre chargé de l'agriculture établit la liste des types de chiens relevant de chacune de ces catégories.

Article L211-14 du code rural

I.-Pour les personnes autres que celles mentionnées à l'article L. 211-13, la détention des chiens mentionnés à l'article L. 211-12 est subordonnée à la délivrance d'un permis de détention par le maire de la commune où le propriétaire ou le détenteur de l'animal réside. En cas de changement de commune de résidence, le permis doit être présenté à la mairie du nouveau domicile.

II.-La délivrance du permis de détention est subordonnée à la production :
1° De pièces justifiant :
a) De l'identification du chien dans les conditions prévues à l'article L. 212-10 ;
b) De la vaccination antirabique du chien en cours de validité ;
c) Dans les conditions définies par décret, d'une assurance garantissant la responsabilité civile du propriétaire du chien ou de la personne qui le détient pour les dommages causés aux tiers par l'animal. Les membres de la famille du propriétaire de l'animal ou de celui qui le détient sont considérés comme tiers au sens des présentes dispositions ;
d) Pour les chiens mâles et femelles de la première catégorie, de la stérilisation de l'animal ;
e) De l'obtention, par le propriétaire ou le détenteur de l'animal, de l'attestation d'aptitude mentionnée au I de l'article L. 211-13-1 ;
2° De l'évaluation comportementale prévue au II de l'article L. 211-13-1.
Lorsque le chien n'a pas atteint l'âge auquel cette évaluation doit être réalisée, il est délivré à son propriétaire ou son détenteur un permis provisoire dans des conditions précisées par décret.
Si les résultats de l'évaluation le justifient, le maire peut refuser la délivrance du permis de détention.

III.-Une fois le permis accordé, il doit être satisfait en permanence aux conditions prévues aux b et c du 1° du II.

IV.-En cas de constatation du défaut de permis de détention, le maire ou, à défaut, le préfet met en demeure le propriétaire ou le détenteur du chien de procéder à la régularisation dans le délai d'un mois au plus. En l'absence de régularisation dans le délai prescrit, le maire ou, à défaut, le préfet peut ordonner que l'animal soit placé dans un lieu de dépôt adapté à l'accueil ou à la garde de celui-ci et peut faire procéder sans délai et sans nouvelle mise en demeure à son euthanasie.
Les frais afférents aux opérations de capture, de transport, de garde et d'euthanasie de l'animal sont intégralement et directement mis à la charge de son propriétaire ou de son détenteur.

Article L211-16 du code rural

I.-L'accès des chiens de la première catégorie aux transports en commun, aux lieux publics à l'exception de la voie publique et aux locaux ouverts au public est interdit. Leur stationnement dans les parties communes des immeubles collectifs est également interdit.

II.-Sur la voie publique, dans les parties communes des immeubles collectifs, les chiens de la première et de la deuxième catégorie doivent être muselés et tenus en laisse par une personne majeure. Il en est de même pour les chiens de la deuxième catégorie dans les lieux publics, les locaux ouverts au public et les transports en commun.

Article 433-5 du code pénal

Constituent un outrage puni de 7 500 euros d'amende les paroles, gestes ou menaces, les écrits ou images de toute nature non rendus publics ou l'envoi d'objets quelconques adressés à une personne chargée d'une mission de service public, dans l'exercice ou à l'occasion de l'exercice de sa mission, et de nature à porter atteinte à sa dignité ou au respect dû à la fonction dont elle est investie.
Lorsqu'il est adressé à une personne dépositaire de l'autorité publique, l'outrage est puni d'un an d'emprisonnement et de 15 000 euros d'amende.
Lorsqu'il est adressé à une personne chargée d'une mission de service public et que les faits ont été commis à l'intérieur d'un établissement scolaire ou éducatif, ou, à l'occasion des entrées ou sorties des élèves, aux abords d'un tel établissement, l'outrage est puni de six mois d'emprisonnement et de 7 500 euros d'amende.
Lorsqu'il est commis en réunion, l'outrage prévu au premier alinéa est puni de six mois d'emprisonnement et de 7 500 euros d'amende, et l'outrage prévu au deuxième alinéa est puni de deux ans d'emprisonnement et de 30 000 euros d'amende.

Article L211-13 du code rural

Ne peuvent détenir les chiens mentionnés à l'article L. 211-12 :
1° Les personnes âgées de moins de dix-huit ans ;
2° Les majeurs en tutelle à moins qu'ils n'y aient été autorisés par le juge des tutelles ;
3° Les personnes condamnées pour crime ou à une peine d'emprisonnement avec ou sans sursis pour délit inscrit au bulletin n° 2 du casier judiciaire ou, pour les ressortissants étrangers, dans un document équivalent ;
4° Les personnes auxquelles la propriété ou la garde d'un chien a été retirée en application de l'article L. 211-11. Le maire peut accorder une dérogation à l'interdiction en considération du comportement du demandeur depuis la décision de retrait, à condition que celle-ci ait été prononcée plus de dix ans avant le dépôt de la déclaration visée à l'article L. 211-14.

RAPPORT 18 – un petit verre de trop (voir le sommaire pour page de la correction)
CHRONO ET SANS MÉTHODOLOGIE

Vous êtes le Gardien Arthur LUT, accompagné des Gardiens Axel HERE et Amanda PAYER.

Vous êtes équipés d'un téléphone de service, de tonfa, de menottes, de révolver. Vous êtes à bord d'un véhicule de patrouille dans la ville de LEOVILLE.

Vous constatez à 22h00, un véhicule franchissant le feu au rouge fixe à l'angle des rues Coudert et Frêne.

Vous constatez également que la conductrice est dépourvue de ceinture de sécurité et tiens un téléphone en main.

À votre prise de contact, vous constatez que la conductrice sent fortement l'alcool et à des propos incohérents.

Le Commissariat est sur la ville et l'Officier de Police Judiciaire vous informe qu'il n'a pas de patrouille de disponible.

<u>Conducteur :</u>
Madame Cécile FOIE né le 04.10.1974 à LITANI, Résidant 84 rue de la Gaule, à LEOVILLE.

<u>Information véhicule :</u>
Renault, Twingo, immatriculé AA-123-BB, Assurance valide jusqu'au 31 de l'année en cours

ARTICLES ANNEXE
Rapport 18

Article R412-1 du code de la route

I. - En circulation, tout conducteur ou passager d'un véhicule à moteur doit porter une ceinture de sécurité homologuée dès lors que le siège qu'il occupe en est équipé en application des dispositions du livre III.
II. - Toutefois, le port de la ceinture de sécurité n'est pas obligatoire :
1° Pour toute personne dont la morphologie est manifestement inadaptée au port de celle-ci ;
2° Pour toute personne munie d'un certificat médical d'exemption, délivré par un médecin agréé consultant hors commission médicale chargé d'apprécier l'aptitude physique des candidats au permis de conduire et des conducteurs ou par les autorités compétentes d'un Etat membre de la Communauté européenne ou de l'Espace économique européen. Ce certificat médical doit mentionner sa durée de validité et comporter le symbole prévu à l'article 5 de la directive 91/671/CEE du Conseil du 16 décembre 1991 ;
3° En intervention d'urgence, pour tout conducteur ou passager d'un véhicule d'intérêt général prioritaire ou d'une ambulance ;
4° Pour tout conducteur de taxi en service ;
5° En agglomération, pour tout conducteur ou passager d'un véhicule des services publics contraint par nécessité de service de s'arrêter fréquemment ;
6° En agglomération, pour tout conducteur ou passager d'un véhicule effectuant des livraisons de porte à porte.
III. - Le fait, pour tout conducteur ou passager, de contrevenir aux dispositions du présent article est puni de l'amende prévue pour les contraventions de la quatrième classe.
IV. - Lorsque cette contravention est commise par le conducteur, elle donne lieu de plein droit à la réduction de trois points du permis de conduire.

Article R412-6-1 du code de la route

L'usage d'un téléphone tenu en main par le conducteur d'un véhicule en circulation est interdit.
Est également interdit le port à l'oreille, par le conducteur d'un véhicule en circulation, de tout dispositif susceptible d'émettre du son, à l'exception des appareils électroniques correcteurs de surdité.
Les dispositions du deuxième alinéa ne sont pas applicables aux conducteurs des véhicules d'intérêt général prioritaires prévus à l'article R. 311-1, ni dans le cadre de l'enseignement de la conduite des cyclomoteurs, motocyclettes, tricycles et quadricycles à moteur ou de l'examen du permis de conduire ces véhicules.
Le fait, pour tout conducteur, de contrevenir aux dispositions du présent article est puni de l'amende prévue pour les contraventions de la quatrième classe.
Tout conducteur coupable de cette infraction encourt également la peine complémentaire de suspension, pour une durée de trois ans au plus, du permis de conduire, cette suspension pouvant être limitée à la conduite en dehors de l'activité professionnelle.
Cette contravention donne lieu de plein droit à la réduction de trois points du permis de conduire.

Article R412-31 du code de la route

Tout conducteur doit marquer l'arrêt devant un feu de signalisation jaune fixe, sauf dans le cas où, lors de l'allumage dudit feu, le conducteur ne peut plus arrêter son véhicule dans des conditions de sécurité suffisantes.
Le fait, pour tout conducteur, de contrevenir aux dispositions du présent article est puni de l'amende prévue pour les contraventions de la deuxième classe.

Article L234-1 du code de la route

I.-Même en l'absence de tout signe d'ivresse manifeste, le fait de conduire un véhicule sous l'empire d'un état alcoolique caractérisé par une concentration d'alcool dans le sang égale ou supérieure à 0,80 gramme par litre ou par une concentration d'alcool dans l'air expiré égale ou supérieure à 0,40 milligramme par litre est puni de deux ans d'emprisonnement et de 4 500 euros d'amende.
II.-Le fait de conduire un véhicule en état d'ivresse manifeste est puni des mêmes peines.
III.-Dans les cas prévus au I et II du présent article, l'immobilisation peut être prescrite dans les conditions prévues aux articles L. 325-1 à L. 325-3.
IV.-Ces délits donnent lieu de plein droit à la réduction de la moitié du nombre maximal de points du permis de conduire.
V.-Les dispositions du présent article sont applicables à l'accompagnateur d'un élève conducteur.

Article L234-3 du code de la route

Les officiers ou agents de police judiciaire de la gendarmerie ou de la police nationales territorialement compétents et, sur l'ordre et sous la responsabilité desdits officiers de police judiciaire, les agents de police judiciaire adjoints soumettent à des épreuves de dépistage de l'imprégnation alcoolique par l'air expiré l'auteur présumé d'une infraction punie par le présent code de la peine complémentaire de suspension du permis de conduire ou le conducteur ou l'accompagnateur de l'élève conducteur impliqué dans un accident de la circulation ayant occasionné un dommage corporel.
Ils peuvent soumettre aux mêmes épreuves tout conducteur ou tout accompagnateur d'élève conducteur impliqué dans un accident quelconque de la circulation ou auteur présumé de l'une des infractions aux prescriptions du présent code autres que celles mentionnées au premier alinéa.

Article 73 code de procédure pénale

Dans les cas de crime flagrant ou de délit flagrant puni d'une peine d'emprisonnement, toute personne a qualité pour en appréhender l'auteur et le conduire devant l'officier de police judiciaire le plus proche.

Lorsque la personne est présentée devant l'officier de police judiciaire, son placement en garde à vue, lorsque les conditions de cette mesure prévues par le présent code sont réunies, n'est pas obligatoire dès lors qu'elle n'est pas tenue sous la contrainte de demeurer à la disposition des enquêteurs et qu'elle a été informée qu'elle peut à tout moment quitter les locaux de police ou de gendarmerie. Le présent alinéa n'est toutefois pas applicable si la personne a été conduite, sous contrainte, par la force publique devant l'officier de police judiciaire.

Article 429 code de procédure pénale

Tout procès-verbal ou rapport n'a de valeur probante que s'il est régulier en la forme, si son auteur a agi dans l'exercice de ses fonctions et a rapporté sur une matière de sa compétence ce qu'il a vu, entendu ou constaté personnellement.
Tout procès-verbal d'interrogatoire ou d'audition doit comporter les questions auxquelles il répond.

Article L241-2 du code de la sécurité intérieure

Dans l'exercice de leurs missions de prévention des atteintes à l'ordre public et de protection de la sécurité des personnes et des biens ainsi que de leurs missions de police judiciaire, les agents de police municipale peuvent être autorisés, par le représentant de l'Etat dans le département, à procéder en tous lieux, au moyen de caméras individuelles, à un enregistrement audiovisuel de leurs interventions lorsque se produit ou est susceptible de se produire un incident, eu égard aux circonstances de l'intervention ou au comportement des personnes concernées.
L'enregistrement n'est pas permanent.
Les enregistrements ont pour finalités la prévention des incidents au cours des interventions des agents de police municipale, le constat des infractions et la poursuite de leurs auteurs par la collecte de preuves ainsi que la formation et la pédagogie des agents.

Les caméras sont portées de façon apparente par les agents. Un signal visuel spécifique indique si la caméra enregistre. Le déclenchement de l'enregistrement fait l'objet d'une information des personnes filmées, sauf si les circonstances l'interdisent. Une information générale du public sur l'emploi de ces caméras est organisée par le ministre de l'intérieur. Les personnels auxquels les caméras individuelles sont fournies ne peuvent avoir accès directement aux enregistrements auxquels ils procèdent.

Les enregistrements audiovisuels, hors le cas où ils sont utilisés dans le cadre d'une procédure judiciaire, administrative ou disciplinaire, sont effacés au bout de six mois.

Article 803 code de procédure pénale

Nul ne peut être soumis au port des menottes ou des entraves que s'il est considéré soit comme dangereux pour autrui ou pour lui-même, soit comme susceptible de tenter de prendre la fuite.
Dans ces deux hypothèses, toutes mesures utiles doivent être prises, dans les conditions compatibles avec les exigences de sécurité, pour éviter qu'une personne menottée ou entravée soit photographiée ou fasse l'objet d'un enregistrement audiovisuel.

Article R412-30 du code de la route

Tout conducteur doit marquer l'arrêt absolu devant un feu de signalisation rouge, fixe ou clignotant.
L'arrêt se fait en respectant la limite d'une ligne perpendiculaire à l'axe de la voie de circulation. Lorsque cette ligne d'arrêt n'est pas matérialisée sur la chaussée, elle se situe à l'aplomb du feu de signalisation ou avant le passage piéton lorsqu'il en existe un.
Lorsqu'une piste cyclable traversant la chaussée est parallèle et contiguë à un passage réservé aux piétons dont le franchissement est réglé par des feux de signalisation lumineux, tout conducteur empruntant cette piste est tenu, à défaut de signalisation spécifique, de respecter les feux de signalisation réglant la traversée de la chaussée par les piétons.
Le fait, pour tout conducteur, de contrevenir aux dispositions du présent article est puni de l'amende prévue pour les contraventions de la **quatrième classe**.
Toute personne coupable de cette infraction encourt également la peine complémentaire de **suspension**, pour une durée de **trois ans** au plus, du permis de conduire, cette suspension pouvant être limitée à la conduite en dehors de l'activité professionnelle.
Cette contravention donne lieu de plein droit à la réduction de **quatre points** du permis de conduire.

Article 78-6 code de procédure pénale

Les agents de police judiciaire adjoints [..] sont habilités à relever l'identité des contrevenants pour dresser les procès-verbaux concernant des contraventions aux arrêtés de police du maire, des contraventions au Code de la route que la loi et les règlements les autorisent à verbaliser ou des contraventions qu'ils peuvent constater en vertu d'une disposition législative expresse.

Si le contrevenant refuse ou se trouve dans l'impossibilité de justifier de son identité, l'agent de police judiciaire adjoint mentionné au premier alinéa en rend compte immédiatement à tout officier de police judiciaire de la police nationale ou de la gendarmerie nationale territorialement compétent, qui peut alors lui ordonner sans délai de lui présenter sur-le-champ le contrevenant ou de retenir celui-ci pendant le temps nécessaire à son arrivée ou à celle d'un agent de police judiciaire agissant sous son contrôle. À défaut de cet ordre, l'agent de police judiciaire adjoint mentionné au premier alinéa ne peut retenir le contrevenant. Pendant le temps nécessaire à l'information et à la décision de l'officier de police judiciaire, le contrevenant est tenu de demeurer à la disposition d'un agent mentionné au même premier alinéa. La violation de cette obligation est punie de deux mois d'emprisonnement et de 7 500 € d'amende. Lorsque l'officier de police judiciaire décide de procéder à une vérification d'identité, dans les conditions prévues à l'article 78-3, le délai prévu au troisième alinéa de cet article court à compter du relevé d'identité.

Article 21 code de procédure pénale

Sont agents de police judiciaire adjoints :[..]
2° Les agents de police municipale ; [..]
Ils ont pour mission :
De seconder, dans l'exercice de leurs fonctions, les officiers de police judiciaire ;
De rendre compte à leurs chefs hiérarchiques de tous crimes, délits ou contraventions dont ils ont connaissance ;
De constater, en se conformant aux ordres de leurs chefs, les infractions à la loi pénale et de recueillir tous les renseignements en vue de découvrir les auteurs de ces infractions, le tout dans le cadre et dans les formes prévues par les lois organiques ou spéciales qui leur sont propres ;
De constater par procès-verbal les contraventions aux dispositions du Code de la route dont la liste est fixée par décret en Conseil d'État ainsi que les contraventions prévues à l'article 621-1 du Code pénal.
Lorsqu'ils constatent une infraction par procès-verbal, les agents de police judiciaire adjoints peuvent recueillir les éventuelles observations du contrevenant.

III – CORRECTION DES RAPPORTS

CORRECTION RAPPORT 01 – MISE EN BOUCHE

Rappel du sujet

> Vous êtes le gardien Machin, assisté du gardien Bidule, en poste dans la ville de Bonneville
> Vous êtes de surveillance générale à bord du véhicule TV208 en votre commune de BONNEVILLE
> Il est 16h00, vous êtes requis par votre poste central, pour un accident de la circulation qui se serait produit quai Jacquier.
> Vous arrivez sur place et vous constatez… cette scène.
> Madame CRUCHE n'est pas blessée.
> **Conductrice :**
> Madame CRUCHE Cunégonde, né le 12.05.1957 à Libreville. Résidant 9 rue de la chapelle Bonneville.
> **Information véhicule :**
> Ford Crow, immatriculé AA-123-BB
> Assurance n° 123456 auprès de MONASSURANCE
> **Information bateau :**
> Propriétaire Monsieur PASDEBOL Matt, né le 14.12.1965 à Bonneville, résidant au 15 rue Smith à Bonneville

Avez-vous bien observé ? Vous êtes-vous posées les bonnes questions ?

Vérifions cela

Remettez-vous dans le contexte, vous arrivez sur place et hop arrêt sur image de ce que vous voyez.

Déjà avant toute chose, quel temps fait-il ? La chaussée est-elle mouillée ?

Le temps est au beau, la chaussée est sèche.

Premier plan : une femme avec des clefs de voiture, elle sourit.

C'est la propriétaire du véhicule ? *Oui vu le sujet.*
Est-elle ivre ? *Non vu le sujet.*
Veut-elle les pompiers ? *Le sujet dit qu'elle n'est pas blessée donc constat amiable à prévoir. Par contre il faut poser la question des sapeurs-pompiers.*
Comment est-ce arrivé ? *On s'en cogne, nous sommes agent de constatation, on n'invente rien, elle ne s'en souvient pas.*

Second plan : une voiture le nez enfoncé dans un bateau battant pavillon américain.

Avez-vous contacté le propriétaire du bateau ? *Appel à la capitainerie du port, au poste central pour le trouver, il se pointe tout seul, prévenu par un ami, il était sur place etc…*

Le bateau coule-t-il ? *Êtes-vous un spécialiste en bateau ? Non*
Vous avez besoin d'un dépanneur qui dira si le bateau est en état de rester à flot ou s'il doit être envoyé en cale sèche, c'est votre responsabilité de vérifier si autre chose ne risque pas d'arriver.
Le propriétaire du bateau est un diplomate ? *Pas besoin de l'ambassade, cela sera indispensable s'il y a une victime dans l'histoire.*

Le dépanneur à contacter pour la voiture est fait par qui ? Vous ou la propriétaire du véhicule ? *Les propriétaires de chaque véhicule doivent contacter leurs assurances pour faire intervenir un dépanneur.*

VOUS AVEZ VRAIMENT TOUT VU DU SECOND PLAN ?

Second plan bis : Le sol , vous avez regardé le sol d'un peu plus près ?

Nous sommes sur une voie ouverte à la circulation. T*rès souvent les quais sont des sens uniques pour venir descendre les bateaux dans l'eau.*

Pas d'huile, ni eau au sol, pas de traces de freinage. *Ce qui aurait pu expliquer l'accident mais nous ne sommes pas là pour enquêter.*

On constate qu'une borne en béton est déplacée.
La borne béton était-elle déplacée déjà ? A-t-elle provoqué l'accident ? C'est madame qui a déplacé la borne avec sa voiture ? *On se fout de la raison de son déplacement, par contre on doit appeler la voirie pour la remettre en place, ce n'est pas votre travail de le faire.*

3eme plan : on voit des badauds et un parking.
Y a-t-il des témoins ? Si oui ils ont vu quoi ? *Le sujet ne nous donne pas d'identité de témoin, donc il n'y en a pas. Il faut toutefois poser la question.*

Rappelez-vous vos premières constatations : vous êtes sur une voie ouverte à la circulation Il y a un parking, donc la déviation de la circulation est possible. Vous devez bloquer ou dévier la circulation pour éviter le sur accident

Maintenant que vous avez pensé à tout vous pouvez commencer le rapport.

Vu que vous l'avez déjà rédigé, vous pouvez le relire et apporter vos corrections/oublis à votre rapport avant de continuer sur la correction complète 🐱.

**Lorsque vous avez un sujet, vous devez vous faire le film de ce sujet, faire des arrêts sur images.
Et Paff !!!
REMARQUEZ :
Tout ce que vous observez, sentez, entendez, etc..
DEDUISEZ :
Tout ce que vous devez faire, selon ce que vous avez constaté**

REGARDER, ANALYSER, AGIR OU NE PAS AGIR SELON LE CAS,

C'est là l'essence même de la pensée policière,

Elle doit être un réflexe

🐱 **(Pas de soucis, cela viendra à force)** 🐱

Maintenant que vous avez revu votre copie, voyons l'exemple de correction.

Il n'y a pas d'articles à relever sur ce rapport puisque rien n'était fourni et je ne vous demandais que de faire que le corps du rapport, néanmoins, je vous fais un exemple de correction complet, cela vous servira de base.

Il vous manque des éléments, vous allez voir comment écrire sans avoir ces informations.

RÉPUBLIQUE FRANÇAISE
RAPPORT

POLICE MUNICIPALE
DÉPARTEMENT DE
VILLE DE
RAPPORT NUMÉRO :   Le Gardien MACHIN

A
Monsieur le Maire,
Monsieur Le Procureur de la République,
Monsieur l'Officier de Police Judiciaire,

L'an deux mille …….., le ………du mois de

OBJET : Accident matériel sur la voie publique

Nous, Gardien MACHIN Assisté du gardien BIDULE, du service.

Agents de Police Judiciaire Adjoints, dûment agréés et assermentés par Monsieur le Préfet et Monsieur le Procureur de la république.

En poste à la police Municipale dans la commune de BONNEVILLE
Agissant en uniforme, revêtus des signes extérieurs apparents de notre fonction.

Conformément aux ordres de nos chefs et sous couvert de notre hiérarchie.

Vu les Articles 21-2°et 429 du Code de Procédure Pénale

Vu les Articles L511-1 et suivants du Code de la Sécurité Intérieure

Avons l'honneur de vous rendre compte des faits suivants :

Ce jour à 16h00, sommes de patrouille de surveillance générale en notre commune.

Sommes requis par notre poste central pour un accident de la circulation qui se serait produit quai jacquier.

À 16h05, sommes sur place.

Constatons un accident impliquant un véhicule léger et un bateau.

Le véhicule est de couleur blanche (voir informations en mentions complémentaires).

Le bateau est de couleur blanche, amarré au quai, battant pavillon américain. (voir informations en mentions complémentaires)

Le véhicule léger, cité ci-dessus, est accidenté et repose entre le quai et le bateau, à 5 mètres environ, au-dessus de l'eau.

L'avant de la voiture est encastré dans l'embarcation, sur son côté droit et tous deux comportent des traces de dégradations.

Citons que l'endroit de l'impact ne compromet pas l'intégrité immédiate de la coque du navire, sous réserve de constatations ultérieures.

Citons que le temps est clair et la route exempte de matière glissante.

L'arrière du véhicule léger est posé sur le bord du quai.

La portière conducteur de ce dernier, est ouverte et personne ne se trouve à l'intérieur de l'habitacle.

Près de l'automobile, se trouve une femme tenant des clefs en main.

Constatons qu'un des blocs de béton disposés pour baliser le chemin de roulement des véhicules est sorti de son emplacement.

À proximité immédiate des lieux de l'accident, se trouvent plusieurs individus et à distance, se trouvent d'autres personnes qui observent la scène.

À 16h10 informons notre station directrice des faits.
L'agent BIDULE met en place une déviation de la circulation afin d'éviter un suraccident.

Dans le même temps, L'agent machin prend contact avec la femme située près du véhicule.

Cette dernière affirme être la conductrice (voir mentions complémentaires).

Nous lui demandons si elle est blessée et si son état nécessite l'intervention des sapeurs-pompiers, dont réponse négative.

Madame nous déclare ne pas savoir ce qu'il s'est passé.

Cette dernière ne présentant pas les signes d'alcoolémie, nous ne la soumettons pas à un dépistage de l'imprégnation alcoolique.

À 16h15, Demandons par l'intermédiaire de notre station directrice, l'intervention d'un agent du port aux fins de prévenir le propriétaire du bateau, ce dernier se rend sur les lieux.

Demandons également l'intervention des services de la voirie afin de remettre la bordure en place.

Demandons à la conductrice du véhicule de faire intervenir son assureur pour extraire son automobile du quai.

Demandons aux personnes présentes sur le quai s'il se trouve un témoin de la scène, dont réponse négative.

À 16h20, arrivée du propriétaire du bateau, ce dernier appelle son dépanneur bateau et établit un constat amiable avec la conductrice du véhicule. (voir mentions complémentaires).

À 16h40, arrivée de la dépanneuse de Madame CRUCHE qui prend en charge sa voiture.

À 16h45, arrivée du dépanneur de bateau, qui déclare que ce dernier peut rester à quai sans risque.

Dans le même temps, arrivée des services de la voirie, les fonctionnaires remettent le bloc de béton qui balise le chemin de roulement des véhicules en toute sécurité et nettoient la chaussée.

À 16h50, départ de la dépanneuse de Madame CRUCHE qui transporte le véhicule au garage le plus proche, cette dernière accompagne son véhicule.

Dans le même temps, départ des agents de la voirie.

Citons que le propriétaire du bateau reste sur place.

À 17h00, la chaussée étant libre, informons notre station directrice des faits, rétablissons la circulation et quittons les lieux.

MENTIONS COMPLÉMENTAIRES :

Conductrice :
Madame CRUCHE Cunégonde, né le 12.05.1957 à Libreville. Résidant 9 rue de la chapelle Bonneville.

Information véhicule :
Ford Crow, immatriculé AA-123-BB
Assurance n° 123456 auprès de MONASSURANCE

Information bateau :
Propriétaire Monsieur PASDEBOL Matt, né le 14.12.1965 à Bonneville, résidant au 15 rue Smith à Bonneville
Bateau immatriculé :

De retour en notre service, rédigeons le présent.
Fait et clos ce jour.

Signature

Gardien MACHIN   Gardien BIDULE

TRANSMISSIONS :
Monsieur le Procureur
Monsieur l'Officier de police judiciaire Territorialement Compétent
Monsieur le Maire
Archives

Voilà donc comment s'articule un rapport.

- Une entête de base,

- Un objet bien établi,

- Les articles de compétences bien apposés,

- Une distribution des rôles de chacun,

- On utilise le NOUS et JAMAIS le JE,

- Une phrase par ligne,

- Une à deux information maximum par phrase,

- Les signatures de tous les agents impliqués dans l'intervention (et pas que la vôtre attention),

- Une conclusion type,

- Les transmissions types.

- On n'invente rien, s'il manque des informations, on laisse la suite blanche, on ne fait que montrer au correcteur qu'on y a pensé.

Les signatures peuvent se positionner avant ou après les transmissions.

On laisse blanc les informations manquantes,

On n'invente rien au niveau des mentions complémentaires, des numéros, des dates,

SAUF

Si on vous en informe oralement durant l'explication de départ le jour du concours.

CORRECTION RAPPORT 02 – LA MAIN DANS LE SAC
Rappel du sujet

> Vous êtes le Gardien-Brigadier J'ASSURE jean, accompagné des gardiens-brigadiers PAYER Amanda et ISSE Paul.
>
> Vous êtes armés d'une bombe lacrymogène, d'une matraque télescopique et d'un pistolet.
>
> Vous disposez d'une caméra individuelle
>
> Vous êtes en patrouille pédestre dans l'enceinte du marché sur la place de la Grande Truanderie dans la ville de Bonneville.
>
> Durant votre patrouille, a 8 h 00 vous constatez une jeune femme mettant sa main dans les poches des gens qu'elle croise.
>
> Elle sort un portefeuille de la poche d'un homme.
>
> Vous intervenez immédiatement
>
> Relatez vos diligences.
>
> ----------
>
> Victime :
> Monsieur Jean SAISRIEN né le 12.05.1957 à Libreville. Résidant 9 rue de la chapelle Bonneville.
>
> Mis en cause :
> Madame Louise CESTPASMOI, née le 31.3.2000 a Bonneville, résidant 8 allée des voleurs, Bonneville.

Analyse du sujet :

- Vous êtes le gardien brigadier JASSURE Jean.
Ce sera mon identité tout le long du rapport, y compris pour les signatures.

- Deux collègues gardiens brigadier Paul ISSE et Amanda PAYER.
Donc on est 3.

- Amanda est une femme.
Elle fera la palpation de sécurité puisque la mise en cause est une femme.

- On a l'armement.
Ok on n'en aura pas besoin puisque la mise en cause n'a pas d'arme.

- On a une caméra.
Ok on pense à l'inclure dans le rapport.

- On patrouille a pieds dans l'enceinte du marché de la ville de BONNEVILLE/
Il va falloir que l'on trouve un véhicule, soit stationné en bordure de marché, soit on demande un véhicule PM, soit la PN viendra sur place.

- À 8h00 Une femme vole un portefeuille dans la poche d'un homme.
On a notre objet : flagrant délit de vol de portefeuille

- Elle ne prend pas la fuite, elle n'est pas agressive.
Pas de menottage

- On intervient tout de suite.
Flagrant délit on a un article des diligences

- Nous sommes en 2022 donc :
La victime à 65 ans et la mise en cause à 22 ans

- Il n'est pas précisé si la PN est disponible ou pas.
On part du principe qu'elle est disponible.

Vu l'analyse du sujet que nous venons de faire ;
On s'intéresse maintenant aux articles fournis et on les trie.

Les articles à utiliser sont :
Pour la compétence du policier (vous vous souvenez, les articles de base de l'entête plus un autre).
- Article 21-2° code de procédure pénale
  (Les policiers municipaux sont agent de police judiciaire adjoint)
- Article 429 code de procédure pénale
  (Valeur des pv ou rapport régulier en la forme et rapporté sur ce qu'un agent a vu entendu ou constaté personnellement)
- Articles L511-1 du code de la sécurité intérieure ET suivants
  (Toute l'étendue des compétences du policier municipal).

Puis les articles de l'infraction relevée (en objet et dans le rapport)
- Article 311-1 du Code pénal
  (Article prévoyant l'infraction de vol)
- Article 311-3 du Code pénal
  (Article réprimant l'infraction de vol)

Ensuite les articles de vos diligences
- Article 73 code de procédure pénale
  (Toute personne en cas de crime ou délit flagrant, doit conduire le mis en cause devant un officier de police judiciaire le plus proche)
- Article 53 du Code de procédure pénale
  (Crime ou délit se commet actuellement, ou vient de se commettre ou la personne est poursuivie par la clameur publique ou présente traces et indices ou en possession d'objet)
- Article L241-2 du code de la sécurité intérieure

Relatif au port de la caméra individuelle

Les articles à écarter dans ce sujet sont les suivants :
- Article 803 code de procédure pénale (relatif au menottage)
  Pas besoin de menotter si la personne ne fait aucun des gestes prévus par cet article.
  - *Dangereux pour lui-même ou autrui*
  - *Susceptible de tenter de prendre la fuite*
- Article 311-4 du Code pénal
  (Article prévoyant les circonstances aggravantes du vol)
  Il n'y a pas lieu de le mettre puisque la mise en cause est seule, ne s'attaque pas à une personne vulnérable, n'est pas accompagné d'un complice etc....

La correction possible serait

RÉPUBLIQUE FRANÇAISE
RAPPORT

POLICE MUNICIPALE
DÉPARTEMENT DE
VILLE DE BONNEVILLE
RAPPORT NUMÉRO

Le Gardien brigadier JASSURE Jean.
A
Monsieur le Maire,
Monsieur Le Procureur de la République,
Monsieur l'Officier de Police Judiciaire,

L'an deux mille ……, le ……..du mois de……..

OBJET : Flagrant délit de vol de portefeuille
(Restez simple, mais on aurait pu mettre également :
Mise à disposition de madame Louise CESTPASMOI pour flagrant délit de vol de portefeuille)

Nous, Le Gardien brigadier JASSURE Jean, assisté des Gardiens brigadier Paul ISSE et Amanda PAYER du service.
Agents de Police Judiciaire Adjoints, dûment agréés et assermentés par Monsieur le Préfet et Monsieur le Procureur de la république.
En poste à la police Municipale dans la commune de BONNEVILLE.
Agissant en uniforme, revêtus des signes extérieurs apparents de notre fonction.
Conformément aux ordres de nos chefs et sous couvert de notre hiérarchie.
Vu les Articles 21-2° et 429 du Code de Procédure Pénale
Vu les Articles L511-1 et suivants du Code de la Sécurité Intérieure
Vu les Articles 311-1 et Article 311-3 du Code pénal
Vu les articles 73 et 53 du Code de procédure pénale
VU l'Article L241-2 du code de la sécurité intérieure

Avons l'honneur de vous rendre compte des faits suivants :
(Ou, mais je ne vous conseille pas pour le concours)
Mettons à disposition de l'Officier de Police Judiciaire Territorialement Compétent la dénommée Madame Louise CESTPASMOI, née le 31.3.2000 à Bonneville, résidant 8 allée des voleurs, Bonneville. Appréhendée ce jour, à huit heure cinq minutes, dans les circonstances suivantes : (restez sur la phrase la plus simple)

Ce jour à 8h00, sommes de patrouille de surveillance pédestre dans l'enceinte du marché sur la place de la Grande Truanderie en notre commune.
Constatons une jeune femme mettant sa main dans les poches des gens qu'elle croise.
L'agent PAYER, porteuse de la caméra individuelle, procède à l'allumage de cette dernière.
Constatons dans le même temps que la jeune femme sort un portefeuille de la poche d'un homme.
A 08h05, appréhendons la mise en cause pour flagrant délit de vol de portefeuille et l'informons qu'elle fait l'objet d'un enregistrement vidéo.
Citons qu'elle n'oppose aucune résistance, nous n'apposons donc pas les menottes.
L'agent Amanda PAYER procède à une palpation de sécurité, la mise en cause n'est trouvé porteuse que d'un portefeuille à la main, que nous écartons.
À 08h06, informons notre poste central et lui demandons de prendre contact avec l'officier de police judiciaire territorialement compétent, ce dernier nous dépêche un équipage sur place aux fins de mise à disposition.
Prenons contact avec la victime et lui demandons s'il désire porter plainte, dont réponse positive.
Citons que nous l'informons qu'il fait l'objet d'un enregistrement vidéo
La mise en cause et la victime sont invités à se déplacer en bordure du marché, dont acte.
À 8h10, arrivée de l'équipage de police nationale, relatons les faits au chef de bord qui prend en charge l'affaire.
Citons que nous remettons le portefeuille au chef de bord.

À 8h15, le fonctionnaire d'Etat nous remet les identités de la victime et de la mise en cause (voir mention complémentaire).

Informons le chef de bord de l'existence d'un enregistrement vidéo de l'intervention que nous tenons à disposition de l'officier de police judiciaire en notre service.

Citons que la victime est invitée à déposer plainte au commissariat, dont départ immédiat.

À 8h20, départ de l'équipage de police nationale qui transporte Madame CESTPASMOI au commissariat pour présentation à monsieur l'officier de police judiciaire.

Dans le même temps, informons notre poste central des faits, quittons les lieux et procédons à l'extinction de la caméra.

MENTIONS COMPLÉMENTAIRES :

Victime (identité remise par la Police Nationale) :
Monsieur Jean SAISRIEN né le 12.05.1957 à Libreville. Résidant 9 rue de la chapelle Bonneville.

Mis en cause (identité remise par la Police Nationale) :
Madame Louise CESTPASMOI, née le 31.3.2000 à Bonneville, résidant 8 allée des voleurs, Bonneville.

Pièce jointe :
Un portefeuille contenant les effets de la victime, inventaire complet

De retour en notre service, rédigeons le présent.

Fait et clos ce jour.

Signatures

Gardien brigadier   Gardiens brigadier   Gardiens brigadier
    JASSURE Jean   Paul ISSE   Amanda PAYER

TRANSMISSIONS :

Monsieur le Procureur
Monsieur l'Officier de police judiciaire territorialement compétent
Monsieur le Maire
Archives

CORRECTION RAPPORT 03 - TITUBATION

Rappel du sujet

> Vous êtes le gardien brigadier Paul ISSE, assisté des gardiers brigadiers Amanda PAYER et Gilles JAUNE.
>
> Vous êtes armés d'une bombe lacrymogène, d'une matraque télescopique et d'un pistolet.
>
> Vous disposez d'une caméra individuelle portée par le gardien brigadier Amandé PAYER.
>
> Vous êtes en patrouille portée dans sur votre commune de CLAIRVILLE.
>
> Durant votre patrouille, à 10 h 00 vous constatez un homme qui s'agite étrangement sur la voie publique.
>
> Ce dernier vocifère devant un arbre et porte des coups de poing, de pieds et de tête contre celui-ci.
>
> Vous intervenez immédiatement.
>
> Vous constatez que ce dernier a des propos incohérents, sens fortement l'alcool et se montre assez agressif envers le mobilier urbain.
>
> La police nationale n'est pas disponible, l'officier de police judiciaire est le Capitaine FLAM.
>
> Le commissariat se trouve sur votre commune.
>
> Relatez vos diligences.
>
> -------------------
>
> Mis en cause : Monsieur Jean SAISRIEN né le 12.05.1957 à Libreville.
> Résidant 9 rue de la chapelle Bonneville.

Analyse du sujet :

- Vous êtes le gardien brigadier Paul ISSE
Ce sera mon identité tout le long du rapport, y compris pour les signatures.

- Deux collègues gardiens brigadier Giles JAUNE et Amanda PAYER.
Donc on est 3.

- Amanda est une femme.
Elle ne fera pas la palpation de sécurité puisque le mis en cause est un homme.

- On a l'armement.
Ok on n'en aura pas besoin puisque le mis en cause n'a pas d'arme.

- On a une caméra et c'est Amanda qui la porte.
Ok on pense à l'inclure dans le rapport.

- On est en patrouille portée sur la commune de CLAIRVILLE.
Nous sommes dans un véhicule.

- À 10h00 un homme agité sur la voie publique, donne des coups de pieds, de tête, de poing contre un arbre, propos incohérents, sens l'alcool
On a notre objet : Ivresse publique manifeste donc on va aller faire le CNA/CNH (non-admission/certificat de non-hospitalisation) au centre hospitalier de la commune

- Il est agressif envers le mobilier urbain certes, mais pas envers nous. Par contre il peut se blesser vu qu'il donne des coups à l'arbre.
Menottage, si vous ne le faites pas se calmer (c'est au choix)

- La police nationale n'est pas disponible.
Donc nous allons le transporter au commissariat qui est sur la commune

Vu l'analyse du sujet que nous venons de faire ;

On s'intéresse maintenant aux articles fournis et on les trie.

Les articles à utiliser sont :

Pour la compétence du policier

- Article 21.2° du code de procédure pénale.
  (Les policiers municipaux sont agent de police judiciaire adjoint).

- Article 429 code de procédure pénale.
  (Valeur des pv ou rapport régulier en la forme et rapporté sur ce qu'un agent a vu entendu ou constaté personnellement).

- Article L511-1 du code de la sécurité intérieure ET suivants.
  (Toute l'étendue des compétences du policier municipal).

- Article L241-2 du code de la sécurité intérieure
Relatif au port de la caméra individuelle

Puis les articles de l'infraction relevée (en objet et dans le rapport)

- Article R3353-1 du Code de la Santé publique.
  (Ivresse publique manifeste (IPM)).

> **ATTENTION ! C'est une contravention de 2ᵉ classe certes,
> Mais pour cette infraction spécifique,
> VOUS N'ÊTES PAS COMPÉTENT POUR VERBALISER.**
>
> **Vous laisserez l'OPJ faire son boulot.**
>
> **Vous n'avez qu'un seul devoir dans le cas d'une IPM : PROTÉGER LA PERSONNE** en le mettant en cellule de dégrisement ou, s'il est blessé, le faire embarquer par les sapeurs-pompiers
>
> Au vu du sujet, ce sera la cellule de dégrisement. Ses blessures, si vous décidez qu'il en à, seront vues par le médecin lors du CNA/CNH.

- Article L3341-1 du code de la santé publique
  (Placement en cellule de dégrisement)

Ensuite les articles de vos diligences

- Article 803 code de procédure pénale
  (Relatif au menottage).

  Le besoin de menotter est bien présent puisque le mis en cause est agressif envers lui-même, il risque de se blesser gravement.

  À moins que vous ne le faites se calmer complètement, dans ce cas-là pas de menottage et donc pas de 803.

Les articles à écarter dans ce sujet sont les suivants :

- Article 433-5 du Code pénal.
  (Relatif à l'outrage).

  Pas besoin de l'utiliser puisque le sujet ne dit pas que vous ou l'un de vos agents faites l'objet d'un outrage, ne l'inventez pas s'il n'existe pas dans le sujet.

La correction possible serait :

RÉPUBLIQUE FRANÇAISE
RAPPORT

POLICE MUNICIPALE
DÉPARTEMENT DE
VILLE DE CLAIRVILLE
RAPPORT NUMÉRO

                          Le Gardien brigadier Paul ISSE
                          A
                          Monsieur le Maire,
                          Monsieur Le Procureur de la République,
                          Monsieur l'Officier de Police Judiciaire,

L'an deux mille…….., le ………du mois de……….

OBJET : Ivresse publique manifeste
(Restez simple, mais on aurait pu mettre également :
***Mise à disposition de monsieur** Jean SAISRIEN pour ivresse publique manifeste)*

Nous, Gardien brigadier Paul ISSE, assisté des Gardiens brigadiers Amanda PAYER et Gilles JAUNE, du service.

Agents de Police Judiciaire Adjoints, dûment agréés et assermentés par Monsieur le Préfet et Monsieur le Procureur de la république.
En poste à la police Municipale dans la commune de CLAIRVILLE.
Agissant en uniforme, revêtus des signes extérieurs apparents de notre fonction.
Conformément aux ordres de nos chefs et sous couvert de notre hiérarchie.

Vu les Articles 21.2°et 429 du Code de Procédure Pénale
Vu les Articles L511-1 et suivants du Code de la Sécurité Intérieure
Vu les Articles R3353-1 et L3341-1 du code de la santé publique
Vu l'Article 803 Code de procédure pénale
Vu l'Article L241-2 du Code de la Sécurité Intérieure

Avons l'honneur de vous rendre compte des faits suivants :
(Ou (mais je ne vous conseille pas d'utiliser cette phrase pour le concours)
*Mettons à disposition du Capitaine FLAM, Officier de Police Judiciaire Territorialement Compétent, le dénommé Monsieur Jean SAISRIEN né le 12.05.1957 à Libreville. Résidant 9 rue de la chapelle Bonneville. Appréhendé ce jour, à **dix heures et dix minutes**, dans les circonstances suivantes :*

Ce jour à 10h00, sommes de patrouille portée en notre commune.

Constatons un homme qui s'agite étrangement sur la voie publique.

L'agent PAYER, porteuse de la caméra individuelle, procède à l'allumage de cette dernière.

L'individu vocifère devant un arbre et porte des coups de poing, de pieds et de tête contre celui-ci.

Mettons pieds à terre, prenons contact avec l'homme et l'informons qu'il fait l'objet d'un enregistrement vidéo.

Constatons que l'individu a des propos incohérents, sent fortement l'alcool et se montre assez agressif envers le mobilier urbain et lui-même.

À 10h05, Informons notre poste central et par son intermédiaire, contactons l'officier de police judiciaire territorialement compétent.

Le Capitaine FLAM, nous informe qu'il n'a aucun équipage de disponible, nous demande de faire établir le certificat de non-hospitalisation et de lui présenter le mis en cause.

À 10h10, appréhendons l'homme pour ivresse publique manifeste.
Ce dernier tente toujours de frapper sa tête contre un arbre, pour éviter qu'il ne se blesse, procédons à l'apposition des menottes et le soustrayons à la vue du public à l'aide de sa veste.
Effectuons une palpation de sécurité, qui se révèle négative pour tout objet dangereux.
Citons que l'individu ne présente aucune trace de blessure apparente.

À 10h12, Transportons l'individu dans notre véhicule de service en direction de l'hôpital pour effectuer le Certificat de non-hospitalisation.

À 10h15, arrivée à l'hôpital.
Citons que le trajet s'est déroulé sans incident.

10h20, le médecin nous remet le certificat de non-hospitalisation.
Dans le même temps, quittons les lieux et transportons l'individu au commissariat de la commune.

À 10h25, arrivée au commissariat de la commune.
Remettons l'homme, sain de corps et le certificat au capitaine FLAM, officier de police judiciaire.
Ce dernier nous remet l'identité du mis en cause (voir mention complémentaire).
Informons l'Officier qu'il existe un enregistrement vidéo de l'intervention à sa disposition en notre service.

À 10h30, quittons le commissariat, informons notre poste central des faits et procédons à l'extinction de la caméra.

MENTIONS COMPLÉMENTAIRES :
Identité Mis en cause : (remis par la police nationale)
Monsieur Jean SAISRIEN né le 12.05.1957 à Libreville. Résidant 9 rue de la chapelle Bonneville.

Pièce jointe : certificat de non-hospitalisation

De retour en notre service, rédigeons le présent.

Fait et clos ce jour.

Signatures

Gardien brigadier Gardiens brigadier Gardiens brigadier
Paul ISSE Amanda PAYER Gilles JAUNE

TRANSMISSIONS :
Monsieur le Procureur
Monsieur l'Officier de police judiciaire territorialement compétent
Monsieur le Maire
Archives

CORRECTION RAPPORT 04 – ROULEZ JEUNESSE

Rappel du sujet

> À la suite de plusieurs accidents, le maire de Sotteville a pris un arrêté le 11 juillet 2003 interdisant l'utilisation de rollers sur certaines voies de la commune. Il a également créé un skate parc, rue de la Bombonne.
>
> Vous êtes le gardien Dupond Marcel, accompagné de l'agent Durand Robert, de patrouille véhiculée, indicatif radio Charlie 2, vous disposez de menottes, révolver, tonfa, taser.
>
> Le mercredi 12 juin à 15 h 00, vous êtes informés par votre poste central que plusieurs riverains de la rue des bouleaux se plaignent que 3 jeunes d'environ 16-17 ans font des courses de rollers.
> La rue des bouleaux est piétonnière.
>
> Vous vous rendez sur place et constatez que l'un des jeunes est au sol, blessé assez sérieusement à la jambe.
>
> Deux autres jeunes slaloment entre les passants.
>
> Une fois l'intervention terminée, vous retournez au poste et vous rédigez un rapport circonstancié de votre intervention avec les mesures prises afin d'informer votre hiérarchie.
>
> Identité victime :
>
> Alain TERIEUR, né le 21 avril 2005 à SOTTEVILLE, résidant 3 rue commandant Shepard, SOTTEVILLE
>
> Identité des deux autres à roller :
> Patrick ETOILE, né le 18 janvier 2005 à SOTTEVILLE, résidant 2 rue Grunt, SOTTEVILLE
> Robert EPONGE, né le 5 mai 2005 à ROUEN, résident 5 rue Malin à sotteville.

Analyse du sujet :

- Vous êtes le gardien Marcel DUPOND.
Ce sera mon identité tout le long du rapport, y compris pour les signatures.

- Un collègue gardien Robert DURAND.
Donc on est 2.

- On a l'armement.
Ok on n'en aura pas besoin puisque les mis en cause n'ont pas d'arme.

- On n'a pas de caméra.
Ok on n'aura pas à l'inclure dans le rapport.

- On est en patrouille véhiculée, sur la commune de SOTTEVILLE.
On est en véhicule, donc patrouille portée.

- Nous sommes le mercredi 12 juin, il est 15h00.
Le temps d'arriver sur place, il sera 15h05.

- Sur place on constate 2 jeunes faisant du roller entre les passants et un blessé.
On a notre objet double cette fois :

- Assistance à un mineur blessé sur la voie publique
- Verbalisation de deux mineurs pour non-respect d'un arrêté municipal

- Nous sommes en 2022, Les enfants ont 17 ans donc mineurs

Vu l'analyse du sujet que nous venons de faire ;

On s'intéresse maintenant aux articles fournis et on les trie.

Pour la compétence du policier (vous vous souvenez, les articles de base de l'entête)

<u>**MEME S'ILS NE SONT PAS DANS LES ANNEXES DU SUJET**</u>

- Article 21.2° code de procédure pénale

(Les policiers municipaux sont agent de police judiciaire adjoint)

- Article 429 code de procédure pénale

(Valeur des pv ou rapport régulier en la forme et rapporté sur ce qu'un agent a vu entendu ou constaté personnellement)

- Article L511-1 du code de la sécurité intérieure ET suivants

(Toute l'étendue des compétences du policier municipal)

Puis les articles de l'infraction relevée (en objet et dans le rapport)

- Arrêté Municipal n° 12-40 du 11 juillet 2003 (Relatif à l'interdiction de faire du roller dans les rues piétonnes de la commune).

- Article R610-5 Code pénal (Article prévoyant l'infraction du manquement à un arrêté de police)
Celui-ci n'est pas obligatoire d'être reporté si l'arrêté municipal le cite

- Article 131-13 code pénal (Article du montant des contraventions réprimant l'infraction visée par l'arrêté).
Celui-ci n'est pas obligatoire d'être reporté puisque l'arrêté municipal le cite

Ensuite les articles de vos diligences

- Article 78-6 code de procédure pénale (Relatif au relevé d'identité)
On va verbaliser, donc on relève l'identité.

Les articles à écarter dans ce sujet sont les suivants :

- Aucun

La correction possible serait

RÉPUBLIQUE FRANÇAISE
RAPPORT

POLICE MUNICIPALE
DÉPARTEMENT DE
VILLE DE SOTTEVILLE
RAPPORT NUMÉRO

> Le Gardien Dupond Marcel
> A
> Monsieur le Maire,
> Monsieur Le Procureur de la République,
> Monsieur l'Officier de Police Judiciaire,

L'an deux mille .... , le douze du mois de juin.

OBJET :
- Assistance à un mineur blessé sur la voie publique
- Verbalisation de deux mineurs pour non-respect d'un arrêté municipal

Nous, Gardien DUPOND Marcel, accompagné de l'Agent DURAND Robert, du service.

Agents de Police Judiciaire Adjoints, dûment agréés et assermentés par Monsieur le Préfet et Monsieur le Procureur de la république.

En poste à la police Municipale dans la commune de SOTTEVILLE.

Agissant en uniforme, revêtus des signes extérieurs apparents de notre fonction.

Conformément aux ordres de nos chefs et sous couvert de notre hiérarchie.

Vu les Articles 21,2°, 21-2, et 429 du Code de Procédure Pénale.
Vu les Articles L511-1 et suivants du Code de la Sécurité Intérieure.
Vu l'Arrêté Municipal n° 12-40 du 11 juillet 2003.
Vu les Articles R610-5 et 131-13 du Code pénal. *(possibilité de ne pas les mettre si l'arrêté les cite)*
Vu Article 78-6 Code de procédure pénale.

Avons l'honneur de vous rendre compte des fait suivants :

Ce jour, sommes de patrouille portée en notre commune.

A 15h00, sommes informés par notre poste central que plusieurs riverains de la rue des bouleaux se plaignent que 3 jeunes d'environ 16-17 ans feraient des courses de rollers.

Citons que la rue des bouleaux est piétonnière.

A 15h05, sommes sur place et **constatons deux jeunes slalomant entre les passants** et que l'un des jeunes est au sol et se tient la jambe.

Mettons pied à terre et prenons contact avec les jeunes.

Le Gardien DUPOND constate que le jeune au sol semble blessé assez sérieusement à la jambe.

A 15h10, le Gardien DUPOND contacte le poste central et demande l'intervention des Sapeurs-Pompiers.

Dans le même temps, l'agent DURAND prend contact avec les deux autres jeunes et les informent de l'existence d'un arrêté municipal interdisant la pratique du roller en dehors du skate parc, situé rue de la Bombonne.

A 15h15, arrivée des Sapeurs-Pompiers, relatons les faits au chef d'agrès qui prend en charge la jeune victime.

A 15h16 l'agent DURAND procède à un relevé d'identité et à la verbalisation des deux patineurs pour non-respect d'un arrêté municipal (voir mention complémentaire).

Citons qu'il leur demande de retirer leur rollers et de quitter les lieux, dont acte.

L'identité de la victime nous est remise par le chef d'agrès des Sapeurs-Pompiers. (Voir mention complémentaire)

A 15h20, départ des sapeurs-pompiers, ces derniers prennent en charge la victime et la transporte sur l'hôpital communal.

Le jeune garçon étant mineur, le chef d'agrès se chargera de prévenir ses parents.

A 15h25, informons notre poste central des faits et quittons les lieux.

MENTIONS COMPLEMENTAIRES:

Identité victime : (Remise par les Sapeurs-Pompiers.)
Alain TERIEUR, né le 21 avril 2005 à SOTTEVILLE, résidant 3 rue commandant Shepard, SOTTEVILLE.

Identité des deux jeunes à roller :
Patrick ETOILE, né le 18 janvier 2005 à SOTTEVILLE, résidant 2 rue Grunt, SOTTEVILLE.
Robert EPONGE, né le 5 mai 2005 à ROUEN, résident 5 rue Malin à SOTTEVILLE.

De retour en notre service, rédigeons le présent.

Fait et clos ce jour.

Signatures
Gardien   Agent
Dupond Marcel   Durand Robert

TRANSMISSIONS:
Monsieur le Procureur
Monsieur l'Officier de police judiciaire
Monsieur le Maire
Archives

CORRECTION RAPPORT 05
VOL ROUGE
Rappel du sujet

> Vous êtes le gardien brigadier VERT Olivier, en fonction avec les agents JAUNE Gilles et DUPOND Sophie.
>
> Vous êtes employés par la ville de JOINVILLE, dans le département du val de marne (94).
>
> Vous êtes équipé d'une seule caméra individuelle pour l'équipage et chacun de menottes, de bombes lacrymogènes, de revolver, de radios individuelles.
>
> Vous patrouillez à bord du véhicule portant indicatif TANGO 5.
>
> Vous circulez, selon vos consignes, dans le secteur 4 et plus précisément, vous êtes sur l'avenue saint Exupéry.
>
> À 13 h 00, le véhicule qui est devant vous, franchis le feu au rouge fixe.
>
> Dix minutes plus tard, à 25 mètres de vous environ, un homme s'empare du téléphone portable d'une jeune femme qui était en pleine conversation téléphonique.
>
> L'individu prend la fuite, à pieds, en direction de la rue de la truanderie.
>
> Relatez vos diligences
>
> Le Commissariat est sur la commune.
>
> ---
>
> Information véhicule : Peugeot expert, immatriculé AA 222 AA
> Information conducteur : Jean FAITPAS, résident 4 rue de la république, Vitry sur seine, né le 15 juin 1955 à Paris.
>
> Information victime : Madame Julie TRUFFE, résidant 15 rue des Etats, Joinville, née le 10 janvier 1975 à Libreville.
>
> Information voleur : Monsieur Jean RAPETOUT, résidant 252 rue de la filouterie, Joinville. Né le 26 décembre 1985 à Paris

Analyse du sujet :

- Vous êtes le gardien brigadier Olivier VERT.
Ce sera mon identité tout le long du rapport, y compris pour les signatures.

- Des collègues agents Gilles JAUNE et Sophie DUPOND.
Donc on est 3 mais le sujet ne dit qu'agent pas leur grade, donc on gardera exactement leur intitulé d'agent.

- On a l'armement.
Nous n'en aurons pas besoin puisque personne n'est armé en face.

- On une caméra, non précisé sur l'agent qui la porte.
A inclure dans le rapport.

- On est en patrouille a bord du véhicule Tango 5, sur la commune de JOINVILLE département du Val de marne (94).
Nous sommes en véhicule, l'indicatif on s'en tamponne, pas besoin de l'inclure.

- Nous sommes sur le secteur 4, avenue saint Exupéry, selon les consignes.
Donc nous sommes de patrouille avenue saint Exupéry

- A 13h00, infraction franchissement d'un feu rouge
- Dix minutes plus tard , donc 13h10, un vol de téléphone.

Ces deux informations vont ensemble pour déterminer le sujet de notre rapport
Posons-nous trois questions :
- ***Quelle est l'infraction la plus grave ?*** *le vol*
- ***Que sommes nous en train de faire lorsque l'infraction la plus grave se produit ?*** *En train de verbaliser le conducteur du véhicule pour le franchissement du feu rouge*
- ***Les deux affaires sont-elles liées ?*** *Non*

Du coup nous avons trouvé notre objet qui est : **Flagrant délit de Vol de téléphone portable**
On ne mentionne pas l'infraction du feu rouge dans l'objet puisqu'il n'a rien à voir avec le vol. on ne fera que le mentionner dans le corps du rapport

- L'individu prend la fuite.
Nous allons donc le rattraper et utiliser les menottes puisqu'il a pris la fuite déjà une fois.

- Le commissariat est sur la commune,
il n'est pas dit que la PN est indisponible, donc nous pourrons les faire venir sur place.

- Nous sommes en 2022, les protagonistes ne sont pas mineurs, ni vulnérable.

Vu l'analyse du sujet que nous venons de faire ;

On s'intéresse maintenant aux articles fournis et on les trie.

Les articles à utiliser sont :

Pour la compétence du policier (vous vous souvenez, les articles de base de l'entête)

<u>**MEME S'ILS NE SONT PAS DANS LES ANNEXES DU SUJET**</u>

- Article 21.2° code de procédure pénale (les policiers municipaux sont agent de police judiciaire adjoint)
- Article 429 code de procédure pénale (valeur des pv ou rapport régulier en la forme et rapporté sur ce qu'un agent a vu entendu ou constaté personnellement)
- Article L511-1 du code de la sécurité intérieure ET suivants (toutes l'étendue des compétences du policier municipal)

Puis les articles de l'infraction relevée (en objet et dans le rapport)

- Article 311-1 du Code pénal (article prévoyant l'infraction de vol)
- Article 311-3 du Code pénal (article réprimant l'infraction de vol)

Ensuite les articles de vos diligences

- Article 73 code de procédure pénale *(toutes personne en cas de crime ou délit flagrant, doit conduire le mis en cause devant un officier de police judiciaire le plus proche)*
- Article 53 du Code de procédure pénale *(crime ou délit se commet actuellement, ou vient de se commettre ou la personne est poursuivie par la clameur publique ou présente traces et indices ou en possession d'objet)*
- Article 803 code de procédure pénale (relatif au menottage)
  Le besoin de menotter est bien présent puisque le mis en cause à déjà tenté de prendre la fuite.
- L'article L241-2 du code de la sécurité intérieure *(relatif à la caméra individuelle)*

Les articles à écarter dans ce sujet sont les suivants :

- Article 78-6 code de procédure pénale (relatif au relevé d'identité).
Impossible à utiliser puisque vous ne pouvez relever une identité que pour verbaliser une contravention, or la principale infraction est un délit.
- Article 311-4 du Code pénal (article prévoyant les circonstances aggravantes du vol)
Il n'y a pas lieu de le mettre puisque le mis en cause est seule, ne s'attaque pas à une personne vulnérable, n'est pas accompagné d'un complice etc…
- Article R412-30 du code de la route (article relatif au franchissement du feu au rouge fixe)
Vous ne pouvez pas l'utiliser puisque cette infraction n'a rien à voir avec le délit.

Donc la correction possible serait

RÉPUBLIQUE FRANÇAISE
RAPPORT

POLICE MUNICIPALE
DÉPARTEMENT DU VAL DE MARNE
VILLE DE JOINVILLE
RAPPORT NUMÉRO

                                Le Gardien brigadier VERT Olivier
                                A
                                Monsieur le Maire,
                                Monsieur Le Procureur de la République,
                                Monsieur l'Officier de Police Judiciaire,

L'an deux mille ……, le ………du mois de……….

OBJET : Flagrant délit de Vol de téléphone
(Restez simple, mais on aurait pu mettre également :
Mise à disposition de monsieur Jean RAPETOUT pour Flagrant délit de vol de téléphone)

Nous, Gardien brigadier VERT Olivier, en fonction avec les agents JAUNE Gilles et DUPOND Sophie, du service.

Agents de Police Judiciaire Adjoints, dûment agréés et assermentés par Monsieur le Préfet et Monsieur le Procureur de la république.
En poste à la police Municipale dans la commune de JOINVILLE.
Agissant en uniforme, revêtus des signes extérieurs apparents de notre fonction.
Conformément aux ordres de nos chefs et sous couvert de notre hiérarchie.

Vu les Articles 21-2°et 429 du Code de Procédure Pénale
Vu les Articles L511-1 et suivants du Code de la Sécurité Intérieure.
Vu les Articles 311-1 et 311-3 du Code pénal.
Vu les Articles 73, 53 et 803 code de procédure pénale.
Vu l'article L241-2 du code de la sécurité intérieure

Avons l'honneur de vous rendre compte des fait suivants :
(Ou (je ne vous le conseille pas pour le concours)
Mettons à disposition de monsieur l'Officier de Police Judiciaire Territorialement Compétent, le dénommé Monsieur Jean RAPETOUT, né le 26 décembre 1985 à Paris, résidant 252 rue de la filouterie, Joinville. Appréhendé ce jour, à **treize heures et douze minutes**, *dans les circonstances suivantes :*

Ce jour à 13h10, sommes en action de verbalisation sur un conducteur ayant franchi un feu au rouge fixe, avenue Saint Exupéry.

Citons que notre caméra individuelle de dotation, portée par l'agent VERT, est activée.

A environ 25 mètres de notre position, constatons un homme s'emparer du téléphone portable d'une jeune femme.

Immédiatement les agents VERT et DUPOND se lancent à sa poursuite.

Dans le même temps, l'Agent JAUNE remet le véhicule du contrevenant en circulation et prend contact avec notre poste central pour relater les faits.

à 13h12, Après une brève poursuite à pied d'environ 25 mètres, appréhendons le mis en cause pour flagrant délit de vol de téléphone et l'informons qu'il fait l'objet d'un enregistrement vidéo.

Afin qu'il ne prenne pas de nouveau la fuite, apposons les menottes et le soustrayons à la vue du public à l'aide de sa veste.

L'agent VERT procède à une palpation de sécurité qui se révèle positive pour un téléphone, que nous écartons.

A 13h15, prenons contact avec Monsieur l'Officier de police Judiciaire territorialement compétent et lui relatons les faits, ce dernier nous dépêche un équipage de Police nationale sur place.

L'Agent Jaune, prend contact avec la victime, l'informe qu'elle fait l'objet d'un enregistrement vidéo et lui demande si elle désire l'intervention des sapeurs-pompiers, dont refus catégorique.

A 13h20, arrivée de l'équipage de police nationale, relatons les faits au chef de bord qui prend en charge l'affaire ainsi que le téléphone.

A 13h25, le fonctionnaire d'Etat nous remet les identités de la victime et du mis en cause (voir mention complémentaire).

Informons le chef de bord de l'existence d'un enregistrement vidéo que nous tenons à disposition de l'officier de police judiciaire en notre service.

Citons que la victime est invitée à déposer plainte au commissariat, dont départ immédiat.

A 13h30, départ de l'équipage de police nationale qui transporte monsieur RAPETOUT au commissariat pour présentation à monsieur l'officier de police judiciaire.

Dans le même temps, informons notre poste central des faits.

Quittons les lieux et procédons à l'extinction de la caméra.

MENTIONS COMPLEMENTAIRES:

Information victime : (Remis par la police nationale)
Madame Julie TRUFFE, résidant 15 rue des Etats, Joinville, née le 10 janvier 1975 à Libreville

Information mis en cause : (Remis par la police nationale)
Monsieur Jean RAPETOUT, résidant 252 rue de la filouterie, Joinville. Né le 26 décembre 1985 à Paris

Piece jointe : un téléphone

De retour en notre service, rédigeons le présent.

Fait et clos ce jour.

Signatures

| Gardien brigadier | Agent | Agent |
| VERT Olivier | JAUNE Gilles | DUPOND Sophie |

TRANSMISSIONS:
Monsieur le Procureur
Monsieur l'Officier de police judiciaire Territorialement Compétent
Monsieur le Maire
Archives

CORRECTION RAPPORT 06 – LE CRADO

Rappel du sujet

> Vous êtes le Gardien Brigadier ALPHA, assisté des gardiens DELTA et ÉCHO.
> Vous exercez sur le territoire de la commune de LIBREVILLE, vous êtes de patrouille portée dans votre commune.
>
> Il est 10 h 00, vous êtes requis par votre station directrice qui vous demande de vous transporter au 10 de la rue LIBÉRATION pour un homme déversant ses poubelles sur le domaine public depuis une camionnette blanche.
>
> Sur place, vous constatez le dépôt du dernier sac par l'individu en question. Vous constatez également que plusieurs sacs sont éventrés et laissent apparaître de la nourriture avariée.
>
> Vous prenez contact avec cet homme et relatez vos diligences.
>
> Information complémentaire : véhicule Renault Boxer, immatriculé AA-123-AA.
> L'homme se nomme Jean SAISRIEN est né le 5 janvier 1974 à LIBREVILLE, résidant 1 rue de la truanderie, LIBREVILLE.

Analyse du sujet :

- Vous êtes le gardien brigadier ALPHA

Ce sera mon identité tout le long du rapport, y compris pour les signatures.

- Des collègues gardiens DELTA et ECHO

Donc on est 3.

- On est en patrouille portée donc à bord d'un véhicule, sur la commune de LIBREVILLE

Nous sommes en véhicule et on a la commune

- Pas de précision sur l'armement.

De toute façon on en aura pas besoin puisque le mis en cause n'a pas d'arme

- Pas de caméra précisée.

On ne la mettra pas dans le rapport.

- Il est 10h du matin.
- Nous nous transportons rue de la libération.

Donc sur place à 10h05.

- Un homme qui déverse des ordures sur le domaine public, transport des ordures à l'aide d'une camionnette blanche.

  - *On constate qu'il dépose le dernier sac .*
  - *Cela détermine notre objet : dépôt d'ordures sur le domaine public, transportées à l'aide d'un véhicule*

Vu l'analyse du sujet que nous venons de faire ;
On s'intéresse maintenant aux articles fournis et on les trie.

Les articles à utiliser sont :
Pour la compétence du policier (vous vous souvenez, les articles de base de l'entête)
- Article 21.2° code de procédure pénale

  (Les policiers municipaux sont agent de police judiciaire adjoint)
- Article 429 code de procédure pénale
  (Valeur des pv ou rapport régulier en la forme et rapporté sur ce qu'un agent a vu entendu ou constaté personnellement)
- Article L511-1 du code de la sécurité intérieure ET suivants
  (Toutes l'étendue des compétences du policier municipal)

Puis les articles de l'infraction relevée (en objet et dans le rapport)
- Article R635-8 du code pénal
  (Article prévoyant et réprimant le dépôt d'ordure transporté à l'aide d'un véhicule) attention c'est une 5eme classe

Ensuite les articles de vos diligences
- Article 78-6 code de procédure pénale *(Relatif au relevé d'identité)*
  Vous ne pouvez pas l'utiliser puisque vous n'êtes pas compétent pour la verbalisation de cette infraction de 5eme classe, c'est l'OPJ qui vous demandera de relever.
  Donc vous le relevez sur instruction OPJ, il se doit de figurer dans les vu.

Les articles à écarter dans ce sujet sont les suivants :
- Article L241-2 du code de la sécurité intérieure *(Relatif à la caméra individuelle).*
  Vous ne pouvez pas l'utiliser puisque le sujet ne précise pas que vous en êtes équipé, inutile de vous rajouter des lignes à écrire, cela ne rajoutera pas de points, mais risque de vous en ôter si vous vous trompez dans l'écriture de son utilisation.
- Article 73 code de procédure pénale
  (Toutes personne en cas de crime ou délit flagrant, doit conduire le mis en cause devant un officier de police judiciaire le plus proche)
  Ce n'est pas un délit ou un crime, donc n'est pas à utiliser
- Article 53 du Code de procédure pénale
  (Crime ou délit se commet actuellement, ou vient de se commettre ou la personne est poursuivie par la clameur publique ou présente traces et indices ou en possession d'objet)
  Ce n'est pas un délit ou un crime, donc n'est pas à utiliser
- Article 803 code de procédure pénale
  (Relatif au menottage)
  Pas besoin de menotter puisque le mis en cause n'a pas tenté de prendre la fuite et ne constitue pas un danger pour lui-même ou autrui

La correction possible serait

RÉPUBLIQUE FRANÇAISE
RAPPORT

POLICE MUNICIPALE
DÉPARTEMENT DE
VILLE DE LIBREVILLE
RAPPORT NUMERO

Le Gardien Brigadier ALPHA
A
Monsieur le Maire,
Monsieur Le Procureur de la République,
Monsieur l'Officier de Police Judiciaire,

L'an deux mille ...., le ....du mois de ....

OBJET : Dépôt d'ordures sur le domaine public transportées à l'aide d'un véhicule.
(Ou dépôt d'immondice avec un véhicule)

Nous, Gardien Brigadier, ALPHA, assisté des Gardiens DELTA et ÉCHO du service. Agents de Police Judiciaire Adjoints, dûment agréés et assermentés par Monsieur le Préfet et Monsieur le Procureur de la république.

En poste à la police Municipale dans la commune de LIBREVILLE. Agissant en uniforme, revêtus des signes extérieurs apparents de notre fonction. Conformément aux ordres de nos chefs et sous couvert de notre hiérarchie.

Vu les Articles 21-2°et 429 du Code de Procédure Pénale
Vu les Articles L511-1 et suivants du Code de la Sécurité Intérieure
Vu l'Article R635-8 du Code pénal
Vu Article 78-6 Code de procédure pénale

Avons l'honneur de vous rendre compte des faits suivants :
Ce jour, sommes de patrouille portée en notre commune.
À 10h00, Sommes requis par notre station directrice, pour un individu, près d'une camionnette blanche, qui déverserait des poubelles sur le domaine public au 10 rue de la Libération.
À 10h05, sommes sur place.

Constatons la présence d'une camionnette blanche immatriculée AA-123-AA (voir mention complémentaire).

Un homme est occupé à vider un sac de couleur noire et à répandre son contenu sur le sol, déjà jonché de détritus.

Mettons pieds à terre.
Prenons contact avec cet individu et l'informons qu'il est interdit de déposer des ordures sur le domaine public.
Ce dernier nous déclare qu'il ne savait pas que c'était interdit.

A 10h10, prenons contact avec notre station directrice pour l'informer des faits et contacter l'Officier de Police Judiciaire Territorialement compétent.
Ce dernier nous demande de prendre des photos des déchets, de relever l'identité de l'individu et de l'informer qu'il fera l'objet d'une convocation ultérieure.

Demandons à l'individu de nous présenter un document d'identité, dont acte. (Voir mention complémentaire)
Effectuons un cliché photo du dépôt (voir mention complémentaire)
Demandons également à Monsieur SAISRIEN de procéder au ramassage de ses ordures, dont acte.
Informons ce dernier qu'il fera l'objet d'une convocation ultérieure au commissariat.
À 10h30, la chaussée étant débarrassée des déchets, demandons à Monsieur SAISRIEN de se rendre en déchetterie afin de vider ses déchets en un lieu adapté, dont départ immédiat.
À 10h35, informons notre poste central des faits et quittons les lieux.

MENTION COMPLÉMENTAIRE :
Identité du mis en cause (relevé sur instruction police nationale)
Nom : SAISRIEN prénom : JEAN
Date de naissance : 05 janvier 1974 Lieu de naissance : LIBREVILLE
Adresse : 1 rue de la Truanderie, LIBREVILLE

permis de conduire n° délivré le: , à :
Informations du véhicule :
Marque : Renault Type : Boxer Immatriculation : AA-123-AA
Pièce jointe : planche photographique des détritus
De retour en notre service, rédigeons le présent
Fait et clos ce jour

                              Signatures :
      Le Gardien Brigadier   Le Gardien   Le Gardien
            ALPHA   DELTA   BRAVO

TRANSMISSIONS :
- Monsieur l'Officier de Police Judiciaire Territorialement Compétent
- Monsieur le Procureur de la République
- Monsieur le Maire
- Archives du service

CORRECTION RAPPORT 07 – BON CHIEN

Rappel du sujet :

> Vous êtes le gardien brigadier Bernard TICHAUT, accompagné du brigadier-chef principal Amanda BLEU, vous disposez de révolver, de tonfa, de bombe lacrymogène, de menotte et d'une radio.
> Vous êtes affecté dans la ville de SOTTEVILLE.
>
> Vous êtes de patrouille pédestre dans un parc municipal où se trouvent des familles et un SDF bien connu de votre service, accompagné d'un chien labrador de bonne taille (non catégorisé).
>
> Vous entendez l'homme crier « attaque » puis vous constatez le gros chien foncer vers vous à toute allure.
>
> Vous disposez d'une convention avec la SPA de SOTTEVILLE.
>
> Relatez vos diligences.
>
> Information SDF : Monsieur Guy YOTINE, né le 12.05.1975 à SOTTEVILLE, résidant : Squatt des tournettes, SOTTEVILLE.
>
> Information chien : Labrador nommé ROSCO, puce électronique n°250 26 35 57986147 appartenant à Monsieur Bernard YOTINE, frère de Monsieur Guy YOTINE.

Analyse du sujet :

- Vous êtes le gardien brigadier Bernard TICHAUT,
Ce sera mon identité tout le long du rapport, y compris pour les signatures.
- Un collègue le brigadier-chef principal Amanda BLEU
Donc nous sommes 2.
- On est de patrouille dans un parc municipal avec des familles.
- On a l'armement.
L'utilisation de l'arme à feu serait compliquée puisque des familles sont dans le parc, donc il y a un risque de dommage collatéraux, de balle perdue.
- On a pas de caméra.
On aura pas à l'inclure dans le rapport.
- On est en patrouille pédestre, sur la commune de SOTTEVILLE.
Il va falloir que l'on trouve un véhicule, soit stationné en bordure de parc, soit on demande un véhicule PM, soit la PN viendra sur place.
- Un sdf crie attaque et un chien fonce vers vous a toute allure..
Un chien est assimilé à une arme, il n'a pas été créé pour tuer ou blesser, ce n'est pas une arme par nature mais une arme par destination.
On a donc notre objet :

> **Menace avec arme par destination (sur agent chargé d'une mission de service public)**
> - On ne retiendra que cela car le sujet n'indique en aucune façon que l'un des agent est blessé par l'animal. Nous trouverons donc un moyen de le calmer ou de le maitriser sans blessure.
> - Vous êtes en action de patrouille = prévention = police administrative = en position d'agent chargé d'une mission de service public et pas agent dépositaire de l'ordre public (rappelez-vous de la différence)

- Le SDF est bien connu de vos service.
Si connu de vos services, vous savez déjà comment il se nomme, donc vous pouvez utiliser son nom rapidement dans le corps du rapport.
- Le chien est un labrador, donc non catégorisé.
- Il n'y a pas d'heure précisé dans le sujet, on mettra celle du début du concours ou celle donnée à l'oral lors des consignes.
Le sujet précise une convention avec la SPA et utilise une abréviation, donc je peux utiliser une abréviation dans ma rédaction.

Vu l'analyse du sujet que nous venons de faire ;
On s'intéresse maintenant aux articles fournis et on les trie.

Les articles à utiliser sont :
Pour la compétence du policier (vous vous souvenez, les articles de base de l'entête)
- Article 21.2° code de procédure pénale (les policiers municipaux sont agent de police judiciaire adjoint)
- Article 429 code de procédure pénale (valeur des pv ou rapport régulier en la forme et rapporté sur ce qu'un agent a vu entendu ou constaté personnellement)
- Article L511-1 du code de la sécurité intérieure ET suivants (toutes l'étendue des compétences du policier municipal)

Puis les articles de l'infraction relevée (en objet et dans le rapport)
- Article 132-75 du Code pénal (relatif aux armes par destination)
  L'utilisation d'un animal pour tuer, blesser ou menacer est assimilée à l'usage d'une arme.
- l'Article 222-18 du code pénal (la menace, par quelque moyen que ce soit, de commettre un crime ou un délit contre les personnes, est puni de prison et amende)

On rajoutera à cela le fait que vous êtes policier quand même ! c'est une circonstance aggravante de l'infraction, car c'est plus grave de menacer un agent chargé d'une mission de service public

Ensuite les articles de vos diligences
- Article 73 code de procédure pénale (toutes personne en cas de crime ou délit flagrant, doit conduire le mis en cause devant un officier de police judiciaire le plus proche)
- Article 53 du Code de procédure pénale (crime ou délit se commet actuellement, ou vient de se commettre ou la personne est poursuivie par la clameur publique ou présente traces et indices ou en possession d'objet)

Les articles à écarter dans ce sujet sont les suivants :
- Article L241-2 du code de la sécurité intérieure (relatif à la caméra individuelle).
  Vous ne pouvez pas l'utiliser puisque le sujet ne précise pas que vous en êtes équipé, inutile de vous rajouter des lignes à écrire, cela ne rajoutera pas de points, mais risque de vous en ôter si vous vous trompez dans l'écriture de son utilisation.
- Article 803 code de procédure pénale (relatif au menottage)
  Pas besoin de menotter le sujet ne dit pas que le propriétaire du chien est agressif véritablement. Il a juste lancé son chien, pas montré de l'agressivité physique personnelle
- Article 122-5 du code pénal (relatif à la légitime défense)
- Article R515-9 du code de la sécurité intérieure (relatif à la légitime défense)
- Article L511-5-1 du code de la sécurité intérieure (relatif à la légitime défense)

Pour ces 3 articles, il n'est nul besoin de les utiliser puisque **vous avez des familles autour de vous**, il y a bien d'autres moyen de maitriser un chien sans avoir besoin de faire usage d'une arme, la légitime défense risque de ne pas pouvoir s'appliquer si vous blessez Kévin ou Kévina qui jouent tranquillement sur le toboggan ou si vous tuez la nounou, le papa ou la maman de Kévin/Kévina, pareil si vous gazez, le nuage vole gentiment vers Kévina, asthmatique qui fait une crise !

- Article L435-1 du code de la sécurité intérieure (relatif à l'état de nécessité)
  C'est la même chose que les 3 articles de la légitime défense, vous ne pouvez pas tirer sur un animal lancé sur vous avant d'avoir évalué les risques de dommages collatéraux.

Si vous avez tiré sans prendre en compte la possibilité de faire autrement
...
PERTE DE POINT ENORRRRMEEEE (5 à 10 pts selon le correcteur)

Donc la correction possible serait

RÉPUBLIQUE FRANÇAISE
RAPPORT

POLICE MUNICIPALE
DÉPARTEMENT DE
VILLE DE SOTTEVILLE
RAPPORT NUMERO

Le Gardien brigadier Bernard TICHAUT
A
Monsieur le Maire,
Monsieur Le Procureur de la République,
Monsieur l'Officier de Police Judiciaire,

L'an deux mille ……., le ………du mois de …………….

OBJET : Menace avec arme par destination (sur agent chargé d'une mission de service public)
(Restez simple, mais on aurait pu mettre également :
***Mise à disposition de monsieur** Guy YOTINE pour menace avec arme par destination (sur agent chargé d'une mission de service public)*
Nous, Gardien brigadier Bernard TICHAUT, assisté du brigadier-chef principal Amanda BLEU du service.
Agents de Police Judiciaire Adjoints, dûment agréés et assermentés par Monsieur le Préfet et Monsieur le Procureur de la république.
En poste à la police Municipale dans la commune de SOTTEVILLE. Agissant en uniforme, revêtus des signes extérieurs apparents de notre fonction. Conformément aux ordres de nos chefs et sous couvert de notre hiérarchie.
Vu les Articles 21-2°et 429 du Code de Procédure Pénale
Vu les Articles L511-1 et suivants du Code de la Sécurité Intérieure
Vu les Articles 132-75 et 222-18 du Code pénal
Vu l'Article 73 et 53 code de procédure pénale
Avons l'honneur de vous rendre compte des fait suivants :
(Ou : (mais je ne le conseille pas pour le concours)
*Mettons à disposition de monsieur l'Officier de Police Judiciaire Territorialement Compétent, le dénommé Monsieur Guy YOTINE, né le 12.05.1975 à SOTTEVILLE, résidant : Squatt des tournettes, SOTTEVILLE.. Appréhendé ce jour, à **treize heures et dix minutes**, dans les circonstances suivantes :*
Ce jour à 13h00, sommes de patrouille pédestre dans le parc municipal, à l'intérieur duquel se trouve des familles.
Constatons la présence de Monsieur Guy YOTINE, un sans domicile fixe bien connu de nos services, accompagné de son chien Labrador.
Soudainement, Monsieur YOTINE crie « Attaque » à son chien.
Ce dernier fonce à toute allure dans notre direction.
Immédiatement l'agent TICHAUT crie un « couché » ferme à destination de l'animal, qui s'exécute immédiatement.
L'agent BLEU le saisi par le collier et constate qu'il reste calme.
Nous prenons contact avec Monsieur YOTINE et l'informons qu'il vient de commettre un délit à notre encontre.
Citons que ce dernier ne montre aucune agressivité.
A 13h10, appréhendons Monsieur Guy YOTINE pour menace avec arme par destination (sur agent chargé d'une mission de service public.)
Palpé sur place, il n'est trouvé porteur d'aucun objet dangereux.
L'homme étant calme, n'apposons pas les menottes.
A 13h15, informons notre poste central, prenons contact avec l'Officier de police Judiciaire territorialement compétent et lui relatons les faits, ce dernier nous dépêche un équipage de Police nationale sur place.
Demandons également l'intervention de la fourrière animale auprès de la SPA, conventionnée avec la mairie.
A 13h20, arrivée de l'équipage de police nationale, relatons les faits au chef de bord qui prend en charge l'affaire.

A 13h25, arrivée de la SPA qui prend en charge le chien.

A 13h30, départ de l'équipage de police nationale qui transporte monsieur YOTINE au commissariat pour présentation à monsieur l'officier de police judiciaire.

Citons que l'identité complète de l'individu nous est remise par le chef de bord. (voir mention complémentaire)

A 13h35, départ de la SPA qui transporte le chien vers la fourrière animale.

Citons que l'employé nous remet les information du chien (voir mention complémentaire)

Dans le même temps, informons notre poste central des faits et quittons les lieux.

MENTION COMPLÉMENTAIRE :

Information mis en cause (remis par la police nationale) :

Nom : Monsieur YOTINE, prénom : Guy, né le 12.05.1975 à SOTTEVILLE, résidant : Squatt des tournettes, SOTTEVILLE.

Information chien (remis par la SPA) : Labrador nommé ROSCO, puce électronique n°250 26 35 57986147 appartenant à Monsieur Bernard YOTINE, frère de Monsieur Guy YOTINE.

De retour en notre service, rédigeons le présent

Fait et clos ce jour

Signatures :

Le Gardien Brigadier   Le brigadier-chef principal
Bernard TICHAUT   Amanda BLEU

TRANSMISSIONS :
- Monsieur l'Officier de Police Judiciaire Territorialement Compétent
- Monsieur le Procureur de la République
- Monsieur le Maire
- Archives du service

RAPPORT 08 – HIII CRACK BOUM AIE

Rappel du sujet

Vous êtes le Gardien Curtis NEWTON, accompagné des Gardiens Simon WRIGHT, Johanne LANDOR et Ken SCOTT vous êtes équipés de tonfa, de menottes, de révolver.

Vous êtes à bord d'un véhicule indicatif CYBERLAB

Vous êtes en fonction dans la ville de DENEF.

Vous êtes requis par votre station directrice pour un accident qui serait survenu au 5 de la rue des malades.

Sur place, vous constatez la présence d'un véhicule, encastré dans un candélabre.

De l'huile et de l'essence coule au sol, des débris jonchent la route.

Plusieurs véhicules sont à l'arrêt dans les deux sens de circulation. Une seule voie est encombrée par le véhicule accidenté.

Le conducteur à le visage en sang et se plaint de son bras gauche.

L'officier de permanence de la Police Nationale est le Capitaine Jean FLAM.

L'Hôpital et le Commissariat sont sur la commune.

Relatez vos diligences.

<u>Victime</u> :
Monsieur Erik SONNE né le 12.05.1957 à Libreville. Résidant 9 rue de la chapelle Bonneville.

<u>Information véhicule</u> :
Renault Clio, immatriculé AA-123-BB
Assurance n° 123456 auprès de MONASSURANCE
Candélabre n° 4567 situé au 5 de la rue des malades

Analyse du sujet :

- Vous êtes le gardien Curtis NEWTON
Ce sera mon identité tout le long du rapport, y compris pour les signatures.
- Trois collègues les Gardiens Simon WRIGHT, Johanne LANDOR et Ken SCOTT
Donc nous sommes 4.
- On a pas de caméra.
On aura pas à l'inclure dans le rapport vu le sujet.
- On est en patrouille véhiculée, sur la commune de DENEF.
Il y a un indicatif CYBERLAB, mais c'est vraiment pas utile de le reporter dans le corps du rapport.
- Vous êtes requis par votre station directrice pour un accident qui serait survenu au 5 de la rue des malades.
- Le conducteur a le visage en sang et se plaint de son bras gauche.

Ok on part sur un accident corporel de la voie publique pas besoin d'armement
Du coup on à notre objet :

Accident corporel de la voie publique- L'officier de permanence de la Police Nationale est le Capitaine Jean FLAM.

Vu que c'est un accident corporel, cela implique l'appel police nationale puisque nous ne sommes plus compétents et en bonus, on a le nom de l'officier.

(Un accident corporel implique une enquête pour déterminer la cause de l'accident et un policier municipal n'a pas le pouvoir d'enquête judiciaire voir le zoom plus bas.)

- Sur place, vous constatez la présence d'un véhicule, encastré dans un candélabre.
Ok donc là il nous faut les sapeurs-pompiers pour dégager le véhicule et EDF pour vérifier le candélabre
- De l'huile et de l'essence coule au sol, des débris jonchent la route.
On va appeler la voirie pour nettoyer la route.
- Plusieurs véhicules sont à l'arrêt dans les deux sens de circulation. Une seule voie est encombrée par le véhicule accidenté.
Il va falloir faire une déviation de circulation ou une circulation alternée
- L'Hôpital et le Commissariat sont sur la commune.
Ravi de le savoir, on saura ou la victime va aller
(à l'hôpital hein ! n'allez pas me l'envoyer à la morgue ☺)

> ## ZOOM
> **POURQUOI VOUS N'ETES PAS COMPETENT SUR UN ACCIDENT CORPOREL DE LA CIRCULATION ?**
> Pour la simple raison qu'un Policier Municipal n'a pas le pouvoir d'enquête judiciaire.
> Lors d'un accident de la route ayant provoqué des blessures, il y a une enquête judiciaire qui est effectuée pour déterminer les responsabilité pénale ou civile (en gros pour savoir qui est en tort).
> Là, l'enquête déterminera si le véhicule a percuté le candélabre à cause du conducteur, du véhicule, d'un autre véhicule, d'un autre évènement ou de la chaussée.
> N'étant pas compétent pour l'enquête, seul la police nationale et la gendarmerie le sont.
> Vous ne pouvez pas relever les identités, elles vous sont donc remises par le chef de bord de la police nationale, le chef d'agrès des sapeurs-pompiers ou l'officier de police judiciaire.

Vu l'analyse du sujet que nous venons de faire ;
On s'intéresse maintenant aux articles fournis et on les trie.

Les articles à utiliser sont :
Pour la compétence du policier (vous vous souvenez, les articles de base de l'entête)
- Article 21-2 code de procédure pénale (les policiers municipaux sont agent de police judiciaire adjoint)
- Article 429 code de procédure pénale (valeur des pv ou rapport régulier en la forme et rapporté sur ce qu'un agent a vu entendu ou constaté personnellement)
- Article L511-1 du code de la sécurité intérieure ET suivants (toutes l'étendue des compétences du policier municipal)

Puis les articles de l'infraction relevée (en objet et dans le rapport)
- il n'y a pas d'infraction à relever, ce sera la police nationale qui déterminera les circonstances de l'accident car il y aura enquête.

Ensuite les articles de vos diligences
- Là non plus pas d'articles puisque pas d'infraction à traiter.

Les articles à écarter dans ce sujet sont les suivants :
- Article L241-2 du code de la sécurité intérieure (relatif à la caméra individuelle).

Vous ne pouvez pas l'utiliser puisque le sujet ne précise pas que vous en êtes équipé, inutile de vous rajouter des lignes à écrire, cela ne rajoutera pas de points, mais risque de vous en ôter si vous vous trompez dans l'écriture de son utilisation.

- Article 803 code de procédure pénale (relatif au menottage)

Pas besoin de menotter la victime d'un accident.

- Article 78-6 du code de procédure pénale (relatif au relevé d'identité).

Vous ne pouvez pas relever l'identité puisque pas d'infraction à verbaliser.

- Article 73 du Code de procédure pénale (relatif au flagrant délit)

Impossible de l'utiliser puisqu'il n'y a pas de délit.

Donc la correction possible serait

RÉPUBLIQUE FRANÇAISE
RAPPORT

POLICE MUNICIPALE
DÉPARTEMENT DE
VILLE DE DENEF
RAPPORT NUMERO

Le Gardien Curtis NEWTON
A
Monsieur le Maire,
Monsieur Le Procureur de la République,
Monsieur l'Officier de Police Judiciaire,

L'an deux mille vingt, le ………du mois de ……………..

OBJET : Accident de la voie publique corporel

Nous, Gardien Curtis NEWTON, assisté des Gardiens Simon WRIGHT, Johanne LANDOR et Ken SCOTT du service.

Agents de Police Judiciaire Adjoints, dûment agréés et assermentés par Monsieur le Préfet et Monsieur le Procureur de la république.

En poste à la police Municipale dans la commune de DENEF. Agissant en uniforme, revêtus des signes extérieurs apparents de notre fonction. Conformément aux ordres de nos chefs et sous couvert de notre hiérarchie.

Vu les Articles 21-2° et 429 du Code de Procédure Pénale
Vu les Articles L511-1 et suivants du Code de la Sécurité Intérieure
Avons l'honneur de vous rendre compte des fait suivants :
Ce jour, sommes de patrouille portée dans notre commune.
A 08h00, sommes requis par notre station directrice pour un accident qui serait survenu au 5 de la rue des malades.

A 08h05, Sommes sur place et constatons la présence d'un véhicule, encastré dans un candélabre.

Constatons également que de l'huile et de l'essence coule au sol et que des débris jonchent la route.

Plusieurs véhicules sont à l'arrêt dans les deux sens de circulation et une seule voie est encombrée par le véhicule accidenté.

Immédiatement les Gardiens WRIGHT et LANDOR mettent en place une déviation du flux de circulation tandis que le gardien SCOTT déploie des cônes de lubek pour sécuriser la zone.

Le gardien NEWTON prend contact avec le conducteur, ce dernier a le visage en sang et se plaint de son bras gauche.

A 08h10, informons notre poste central des faits et demandons l'intervention des sapeurs-pompiers, de la police nationale, d'EDF et de la voirie.

Sommes informés par notre opérateur que le capitaine FLAM, officier de police judiciaire, nous dépêche un véhicule sur place.

08h15, Arrivée des services d'EDF qui procèdent à la sécurisation du candélabre.

Dans le même temps, arrivée de l'équipage des sapeurs-pompiers, relatons les faits au chef d'agrès qui prend en charge la victime.

A 08h20, arrivée de l'équipage de police nationale, relatons les faits au chef de bord qui prend en charge l'affaire.

A 08h30, le chef de bord de la police nationale nous demande de contacter une dépanneuse afin de retirer le véhicule de la voie publique, dont acte.

Citons qu'il établit le triptyque d'accident sur place.

A 08h35, Départ des sapeurs-pompiers qui transportent la victime sur l'hôpital communal.

Citons que le chef d'agrès nous remet son identité.(voir mention complémentaire)

A 08h40, départ de la police nationale.

A 08h45, arrivée dépanneuse et service de la voirie.

A 08h50, la dépanneuse prend en charge le véhicule et le transporte vers le garage Renault situé sur la commune.

Concomitamment, les agents EDF terminent de sécuriser le candélabre pour une réparation ultérieure et quittent les lieux.

A 09h00, les agents de la voirie ont terminé le nettoyage de la chaussée, ces derniers quittent les lieux.

Dans le même temps, retirons les cônes de lubek et rétablissons le flux de circulation des véhicules.

A 09h05, informons notre poste central des faits et quittons les lieux

MENTION COMPLÉMENTAIRE :

Identité Victime : (remis par les sapeurs-pompiers)
Monsieur Erik SONNE né le 12.05.1957 à Libreville. Résidant 9 rue de la chapelle Bonneville.

Information véhicule :
Renault Clio, immatriculé AA-123-BB
Assurance n° 123456 auprès de MONASSURANCE

Information candélabre :
Candélabre n° 4567 situé au 5 de la rue des malades
De retour en notre service, rédigeons le présent
Fait et clos ce jour

Signatures :

Gardien	Gardien	Gardien	Gardien
Curtis NEWTON	Simon WRIGHT	Johanne LANDOR	Ken SCOTT

TRANSMISSIONS :
- Monsieur l'Officier de Police Judiciaire Territorialement Compétent
- Monsieur le Procureur de la République
- Monsieur le Maire
- Archives du service

Correction RAPPORT 09 – CADAVRE EXQUIS

Rappel du sujet

> Vous êtes le Gardien-Brigadier Yohann SOLO, accompagné des Gardien-Brigadier Lila ORAGANA et Luca SKYDANCER vous êtes équipé de tonfa, de menottes, de révolver.
>
> Vous êtes à bord d'un véhicule indicatif CONDOR.
>
> Vous êtes en fonction dans la ville de TATAOUINE.
>
> À 16h30, Vous êtes requis par votre station directrice pour une personne ne répondant pas aux appels au 9 rue du temple, TATAOUINE.
>
> Sur place, vous constatez que la maison a une fenêtre entrouverte de laquelle se dégage l'odeur caractéristique des personnes décédées.
>
> La fille de Madame PEUPLUX est sur place et possède les clefs de la maison.
>
> L'officier de permanence de la Police Nationale est le Capitaine William WINDU.
>
> L'Hôpital et le Commissariat sont sur la commune.
>
> Relatez vos diligences.
>
> **Victime :**
> Madame Jeanne PEUPLUX né le 12.05.1933 à MOUSTAFAR. Résidant 9 rue du temple, TATAOUINE.

Analyse du sujet :

- Vous êtes le gardien brigadier Gardien-Brigadier Yohann SOLO
Ce sera mon identité tout le long du rapport, y compris pour les signatures.

- Deux collègues , les Gardiens-Brigadier Lila ORAGANA et Luca SKYDANCER,
Donc nous sommes 3.

- On est de patrouille à bord d'un véhicule dans la ville de TATOUINE
Donc en patrouille portée (qu'importe l'indicatif)

- On a l'armement.
Si besoin on à la totale

- On a pas de caméra.
On aura pas à l'inclure dans le rapport.

- A 16h30, Vous êtes requis par votre station directrice pour une personne ne répondant pas aux appels
- Sur place, vous constatez que la maison a une fenêtre entrouverte de laquelle se dégage l'odeur caractéristique des personnes décédés.

On à notre objet :
Découverte de personne décédé.
Il faudra faire attention à la préservation des traces et indices car vous ne savez pas de quoi elle est décédé, seul le médecin émettra des réserves ou pas sur les circonstances de la mort et déclenchera une enquête.

- Au 9 rue du temple, TATAOUINE.
- La fille de Madame PEUPLUX est sur place et possède les clefs de la maison.

On à l'adresse et les clefs de la maison sous la main.

- L'officier de permanence de la Police Nationale est le Capitaine William WINDU.
On a le nom de l'OPJ, impec.

- L'Hôpital et le Commissariat sont sur la commune.
Ok pour l'info

Vu l'analyse du sujet que nous venons de faire ;
On s'intéresse maintenant aux articles fournis et on les trie.

Les articles à utiliser sont :

Pour la compétence du policier (vous vous souvenez, les articles de base de l'entête)

- Article 21-2° code de procédure pénale (les policiers municipaux sont agent de police judiciaire adjoint)

- Article 429 code de procédure pénale (valeur des pv ou rapport régulier en la forme et rapporté sur ce qu'un agent a vu entendu ou constaté personnellement)

- Article L511-1 du code de la sécurité intérieure ET suivants (toutes l'étendue des compétences du policier municipal)

> **!! RAPPEL : Ce doit être un automatisme, qu'ils soient présents dans les annexes ou pas, il faut impérativement que les articles cités au-dessus soient marqués !!**

Puis les articles de l'infraction relevée (en objet et dans le rapport)

Et bien il n'y a pas d'infraction, donc pas d'article à rajouter

Ensuite les articles de vos diligences

Et là se situe le piège principal de ce rapport : casser la porte ou pas ?

Si vous cassez la porte vous vous retrouverez en tort, je vous rappelle que la fille de madame PEUPLUX est présente avec les clefs !

Donc les articles à écarter dans ce sujet sont les suivants :

- Article 122-7 Code pénal relatif à la légitime défense
   Logique, on a pas à utiliser d'arme

- Article 122-4 Code pénal relatif à la responsabilité pénale d'une personne qui agit sur ordre d'un OPJ (sauf ordre illégal)
   Si nous n'avions pas eu les clefs de la maison, l'OPJ aura demandé à ouvrir la porte ou rentrer par la fenêtre pour voir ce qu'il en est

Donc la correction possible serait

RÉPUBLIQUE FRANÇAISE
RAPPORT

POLICE MUNICIPALE
DÉPARTEMENT DE
VILLE DE TATAOUINE
RAPPORT NUMERO

Le Gardien brigadier Yohann SOLO
A
Monsieur le Maire,
Monsieur Le Procureur de la République,
Monsieur l'Officier de Police Judiciaire,

L'an deux mille vingt, le ………du mois de …………….

OBJET : découverte de personne décédée

Nous, Gardien brigadier Yohann SOLO, assisté des Gardiens-Brigadier Lila ORAGANA et Luca SKYDANCER du service.

Agents de Police Judiciaire Adjoints, dûment agréés et assermentés par Monsieur le Préfet et Monsieur le Procureur de la république.

En poste à la police Municipale dans la commune de TATAOUINE. Agissant en uniforme, revêtus des signes extérieurs apparents de notre fonction. Conformément aux ordres de nos chefs et sous couvert de notre hiérarchie.

Vu les Articles 21-2 et 429 du Code de Procédure Pénale
Vu les Articles L511-1 et suivants du Code de la Sécurité Intérieure

Avons l'honneur de vous rendre compte des fait suivants :

Ce jour à 16h30, sommes de patrouille portée en notre commune.

Sommes requis par notre station directrice pour une personne ne répondant pas aux appels, au 9 rue du temple.

A 16h35, sommes sur place et constatons la présence d'une jeune femme devant une maison.

Mettons pied à terre, prenons contact avec cette dernière et lui déclinons nos qualités et fonction.

Cette dernière nous informe être la fille de Madame PEUPLUX, propriétaire de la maison et que sa mère ne répond ni au téléphone, ni à la porte depuis 3 jours et que ce n'est pas son habitude.

Elle nous informe également avoir les clefs de la maison, mais n'ose pas entrer.

Les agents SKYDANCER et ORGANA effectuent le tour du bâtiment.

A 16h40, Ces derniers constatent une fenêtre du rez-de-chaussée ouverte de laquelle se dégage l'odeur caractéristique des personnes décédés.

Avec la permission de la fille de madame PEUPLUX, les agents SOLO ET SKYDANCER pénètre dans la maison par la porte d'entrée.

A 16h45, constatons sur le lit de la chambre en face de la porte d'entrée, la présence d'une femme âgée semblant endormie.

Citons que l'odeur est très forte, qu'un filet de sang séché est présent à la commissures des lèvres et que la peau est marbrée de vert.

Devant cette constatation, retournons à l'extérieur par le même chemin, pour préservation des traces et indices.

A 16h50, informons notre station directrice des faits et demandons l'intervention des sapeurs-pompiers et de contacter l'officier de police judiciaire de permanence.

Le capitaine William WINDU nous dépêche un équipage sur place.

L'agent ORGANA éloigne la fille de madame PEUPLUX de la maison et reste en sa présence.

A 17h05, arrivée des sapeurs-pompiers sur place, relatons les faits au chef d'agrès qui prend en charge la victime.

Dans le même temps, arrivée de l'équipage de police nationale, relatons les faits au chef de bord qui prend en charge l'affaire.

A 17h10, Le chef d'agrès des Sapeurs pompier nous informe qu'il demande l'intervention d'un médecin pour constat du décès de Madame PEUPLUX.

Dans le même temps, prenons contact avec le maire de la commune afin qu'il se rende sur place.

A 17h15, arrivée du médecin sur place, ce dernier constate immédiatement le décès sans émettre de réserve quant à l'inhumation.

Immédiatement, le chef de Bord de la Police Nationale commence à effectuer les constatations d'usage.

Citons qu'il n'émet pas de réserve quant à la levée du corps et l'inhumation et prévient les services de pompes funèbre.

A 17h20, arrivée de Monsieur le Maire sur les lieux, ce dernier rédige le certificat de décès à l'aide des éléments fournis par le médecin et la fille de Madame PEUPLUX.
Citons qu'il nous remet l'identité de la victime (voir mention complémentaire).

A 17h25, arrivée des pompes funèbre, ces derniers prennent en charge la levée du corps.

A 17h30, départ des sapeurs-pompiers, du médecin et de la police nationale.

A 17h35, départ des pompes funèbres qui transportent le corps au funérarium communal.

A 17h40, la fille de Madame PEUPLUX procède à la fermeture de la fenêtre et de la porte d'entrée à l'aide de ses clefs.

A 17h45, départ de Madame PEUPLUX et du Maire.

A 17h50, l'intervention étant terminée, informons notre station directrice des faits et quittons les lieux.

MENTION COMPLÉMENTAIRE :

Identité Victime :(remise par monsieur le Maire)
Madame Jeanne PEUPLUX né le 12.05.1933 à MOUSTAFAR. Résidant 9 rue du temple, TATAOUINE.

De retour en notre service, rédigeons le présent

Fait et clos ce jour

Signatures :

Le Gardien brigadier   Le Gardien brigadier   Le Gardien brigadier
   Yohann SOLO   Lila ORAGANA   Luca SKYDANCER

TRANSMISSIONS :
- Monsieur l'Officier de Police Judiciaire Territorialement Compétent
- Monsieur le Procureur de la République
- Monsieur le Maire
- Archives du services

Correction RAPPORT 10 – LE FOUR A ROULETTE

Rappel du sujet

> Vous êtes le Gardien Jean-Luc PIKARD, accompagné des Gardiens William RIRER et Eliot MONTGOMERY vous êtes équipés de tonfa, de menottes, de révolver. Vous êtes à bord du véhicule indicatif ENTREPRISE
>
> Vous êtes de patrouille dans votre ville de JOINVILLE.
>
> De passage, rue CRUSHER, des passants vous interpellent pour un chien se trouvant dans un véhicule sur le parking de l'hypermarché.
>
> Il est 11h du matin, et la température externe avoisine les 30 degrés.
>
> Vous approchez du véhicule et constatez qu'il est en plein soleil et que toutes les vitres sont fermées.
>
> À l'intérieur, sur la banquette arrière, se trouve un chien couché, tirant la langue et respirant très vite.
>
> Relatez vos diligences.
>
> **Propriétaire et conducteur véhicule :**
> Monsieur Jean AIRIENAFAIRE né le 12.05.1975 à Libreville. Résidant 9 rue du tortionnaire Bonneville.
>
> **Information véhicule :**
> Renault Clio, immatriculé AA-123-BB
> Assurance n° 123456 auprès de MONASSURANCE
>
> **Information chien :**
> Nom : Rouky
> Race : Golden retriever
> Identifié par transpondeur n°250 123456789

Analyse du sujet :

- Vous êtes le Gardien Jean-Luc PIKARD.
Ce sera mon identité tout le long du rapport, y compris pour les signatures.

- Des collègues Gardiens William RIRER et Eliot MONTGOMERY.
Donc nous sommes 3.

- Vous êtes équipés de tonfa, de menottes, de révolver.
On a pas de caméra, on aura pas à l'inclure dans le rapport.

- Vous êtes à bord du véhicule indicatif ENTREPRISE.
- Vous êtes de patrouille dans votre ville de JOINVILLE.

Nous sommes donc en patrouille portée dans notre commune de Joinville

- De passage, rue CRUSHER, des passants vous interpellent pour un chien se trouvant dans un véhicule sur le parking de l'hypermarché.
Le parking est dans la rue Crusher.

- Il est 11h du matin, et la température externe avoisine les 30 degrés.
- Vous constatez que le véhicule est en plein soleil et que toutes les vitres sont fermées.

Il fait très chaud dehors, donc dans la voiture on pourrait y faire cuire une pizza !

- À l'intérieur, sur la banquette arrière, se trouve un chien couché, tirant la langue et respirant très vite.
Voilà notre pizza… et du coup, notre objet :
    Assistance à animal en danger (on reste simple)

- Information chien : Race : Golden retriever
Le chien est un Golden, donc non catégorisé.

Vu l'analyse que nous venons de faire ;
On s'intéresse maintenant aux articles fournis et on les trie.

Les articles à utiliser sont :

Pour la compétence du policier (comme d'habitude, les articles de base de l'entête)

- Article 21.2° code de procédure pénale (les policiers municipaux sont agent de police judiciaire adjoint)

- Article 429 code de procédure pénale (valeur des pv ou rapport régulier en la forme et rapporté sur ce qu'un agent a vu entendu ou constaté personnellement)

- Article L511-1 du code de la sécurité intérieure ET suivants (toutes l'étendue des compétences du policier municipal)

Puis les articles de l'infraction relevée (en objet et dans le rapport)

- Article R654-1 du code pénal relatif aux mauvais traitement envers un animal domestique (puni amende de 4e classe)
Vu que c'est une amende de 4e classe, nous sommes habilités à verbaliser. Et c'est le seul article fourni, on invente pas d'autres articles - SURTOUT PAS !-

Ensuite les articles de vos diligences

- Article 78-6 code de procédure pénale relatif au relevé d'identité
Nous allons verbaliser le propriétaire sur une contravention où nous sommes compétent, donc nous allons relever l'identité du propriétaire du véhicule.

Les articles à écarter dans ce sujet sont les suivants :

- Article 73 code de procédure pénale (toutes personne en cas de crime ou délit flagrant, doit conduire le mis en cause devant un officier de police judiciaire le plus proche)
Pas de délit, donc pas besoin de cet article.

- Article 803 code de procédure pénale (relatif au menottage)
Pas besoin de menotter le sujet ne dit pas que le propriétaire du chien est agressif.

- Article 122-7 Code pénal relatif à l'Etat de nécessité
Nous n'allons pas briser une vitre ni pénétrer dans le véhicule, donc pas besoin.

- Article L214-23 du Code rural relatif aux contrôles et protection des animaux
Vu que nous allons viser l'infraction de mauvais traitement et qu'elle est verbalisable en 4e classe, il n'est pas utile d'utiliser cet article.

- Article 322-1 du Code pénal relatif à la destruction des biens d'autrui
Vu que nous n'allons pas briser une vitre, nous n'aurons pas à l'utiliser.

- Article 122-4 du Code pénal relatif à l'accomplissement d'un geste prescrit par une autorité qui ne nous rend pas pénalement responsable.
*Nous allons donc pas non plus utiliser cet article car **nous n'allons pas briser une vitre ni pénétrer dans le véhicule**.*

Le sujet ne nous donne pas l'obligation de briser une vitre, restez donc simple, faites venir le conducteur du véhicule et verbalisez le.
C'est aussi simple que cela 😊

Si vous voulez briser la vitre les articles à utiliser seront ceux-ci :

Pour la compétence du policier (comme d'habitude, les articles de base de l'entête)

- Article 21.2°code de procédure pénale (les policiers municipaux sont agent de police judiciaire adjoint)

- Article 429 code de procédure pénale (valeur des pv ou rapport régulier en la forme et rapporté sur ce qu'un agent a vu entendu ou constaté personnellement)

- Article L511-1 du code de la sécurité intérieure ET suivants (toutes l'étendue des compétences du policier municipal)

Puis les articles de l'infraction relevée (en objet et dans le rapport)

- Article R654-1 du code pénal relatif aux mauvais traitement envers un animal domestique (puni amende de 4e classe)
Vu que c'est une amende de 4e classe, nous sommes habilités à verbaliser. Et c'est le seul article fourni, on invente pas d'autres articles - SURTOUT PAS !-

Ensuite les articles de vos diligences

- Article 78-6 code de procédure pénale relatif au relevé d'identité
Nous allons verbaliser le propriétaire sur une contravention où nous sommes compétent, donc nous allons relever l'identité du propriétaire du véhicule.

- Article 122-7 Code pénal relatif à l'Etat de nécessité
L'état de nécessité est commandé par le fait qu'une vie est en danger, quelle qu'elle soit, un chien est un être vivant qui peut mourir selon les circonstances (il va falloir bien caractériser l'urgence vitale).
Nous allons briser une vitre et pénétrer dans le véhicule, donc nécessaire de l'utiliser et d'appeler l'opj AVANT.

- Article 122-4 du Code pénal relatif à l'accomplissement d'un geste prescrit par une autorité qui ne nous rend pas pénalement responsable.
Nous allons donc l'utiliser vu que nous allons casser une vitre ou ouvrir une portière, il nous faut informer l'OPJ et ce dernier va nous demander de pénétrer dans le véhicule par tout moyens nécessaires.

Les articles à écarter dans ce cas sont les suivants :

- Article 73 code de procédure pénale (toutes personne en cas de crime ou délit flagrant, doit conduire le mis en cause devant un officier de police judiciaire le plus proche)
Pas de délit, donc pas besoin de cet article.

- Article 803 code de procédure pénale (relatif au menottage)
Pas besoin de menotter le sujet ne dit pas que le propriétaire du chien est agressif.

- Article L214-23 du Code rural relatif aux contrôles et protection des animaux
Vu que nous allons viser l'infraction de mauvais traitement et qu'elle est verbalisable en 4e classe, il n'est pas utile d'utiliser cet article.

- Article 322-1 du Code pénal relatif à la destruction des biens d'autrui
Nous allons briser une vitre oui, mais étant donné que nous sommes couvert part l'état de nécessité, nous ne pouvons pas nous auto-accuser d'un fait punissable.

Donc la correction possible serait

SI ON NE CASSE RIEN NI PENETRER DANS LE VEHICULE

RÉPUBLIQUE FRANÇAISE
RAPPORT

POLICE MUNICIPALE
DÉPARTEMENT DE
VILLE DE JOINVILLE
RAPPORT NUMERO

                    Le Gardien Jean-Luc PIKARD
                    A
                    Monsieur le Maire,
                    Monsieur Le Procureur de la République,
                    Monsieur l'Officier de Police Judiciaire,

L'an deux mille ……, le ………du mois de …………..

OBJET : Assistance à animal en danger. *(Restez simple)*
             Verbalisation pour mauvais traitement d'un animal domestique

Nous, Gardien Jean-Luc PIKARD, assisté des Gardiens William RIRER et Eliot MONTGOMERY

Agents de Police Judiciaire Adjoints, dûment agréés et assermentés par Monsieur le Préfet et Monsieur le Procureur de la république.

En poste à la police Municipale dans la commune de JOINVILLE. Agissant en uniforme, revêtus des signes extérieurs apparents de notre fonction. Conformément aux ordres de nos chefs et sous couvert de notre hiérarchie.

Vu les Articles 21-2°et 429 du Code de Procédure Pénale
Vu les Articles L511-1 et suivants du Code de la Sécurité Intérieure.
Vu l'Article R654-1 du Code pénal.
Vu l'article 78-6 du code de procédure pénale

Avons l'honneur de vous rendre compte des fait suivants :

Ce jour, sommes de patrouille portée en notre commune.

à 11h00, De passage rue CRUSHER sommes requis par des passants qui nous informent qu'un chien se trouverait dans un véhicule sur le parking de l'hypermarché.

Citons qu'il est 11h du matin et que la température externe avoisine les 30 degrés.

A 11h05, mettons pied à terre sur le parking.

Constatons que le véhicule est en plein soleil et que toutes les vitres sont fermées.
À l'intérieur, sur la banquette arrière, se trouve un chien couché, tirant la langue et respirant très vite.

Le gardien MONTGOMERY relève la plaque d'immatriculation de l'automobile et se rend rapidement à l'accueil du magasin afin de faire procéder à une annonce pour trouver le conducteur.

A 11h10, le propriétaire du véhicule se présente à nous.

Il nous informe ne pas avoir pensé en avoir pour longtemps à l'intérieur du magasin et s'excuse.

Nous lui demandons de procéder à l'ouverture des portes, de mettre l'animal à l'ombre et de le faire boire immédiatement, dont acte.

Le canidé reprend son souffle et se trouve hors de danger immédiat.

Demandons au conducteur du véhicule de nous présenter un document justifiant de son identité et de celle de l'animal, dont acte pour une pièce d'identité et le carnet de santé du chien.

A 11h15, relevons l'identité de l'individu et procédons à la verbalisation de Monsieur Jean AIRIENAFAIRE pour mauvais traitement envers un animal domestique.

Conseillons à cet individu de conduire son animal immédiatement auprès de son vétérinaire afin de s'assurer de sa bonne santé, dont réponse positive.

A 11h20, Monsieur AIRIENAFAIRE quitte les lieux en direction du cabinet vétérinaire.

Dans le même temps, informons notre poste central des faits et quittons les lieux.

MENTION COMPLÉMENTAIRE :

Propriétaire et conducteur véhicule :
Monsieur Jean AIRIENAFAIRE né le 12.05.1975 à Libreville. Résidant 9 rue du tortionnaire Bonneville.

Information véhicule :
Renault Clio, immatriculé AA-123-BB
Assurance n° 123456 auprès de MONASSURANCE

Information chien :
Nom : Rouky
Race : Golden retriever
Identifié par transpondeur n°250 123456789
De retour en notre service, rédigeons le présent.

Fait et clos ce jour

Signatures :

Le Gardien   Le Gardien   Le Gardien
Jean-Luc PIKARD   William RIRER   Eliot MONTGOMERY

TRANSMISSIONS :
- Monsieur l'Officier de Police Judiciaire Territorialement Compétent
- Monsieur le Procureur de la République
- Monsieur le Maire

CORRECTION POSSIBLE SI ON CASSE UNE VITRE OU PENETRE DANS LE VEHICULE

RÉPUBLIQUE FRANÇAISE
RAPPORT

POLICE MUNICIPALE
DÉPARTEMENT DE
VILLE DE JOINVILLE
RAPPORT NUMERO

Le Gardien Jean-Luc PIKARD
A
Monsieur le Maire,
Monsieur Le Procureur de la République,
Monsieur l'Officier de Police Judiciaire,

L'an deux mille ……, le ………du mois de ……………..

OBJET : Assistance à animal en danger. *(Restez simple)*
Verbalisation pour mauvais traitement d'un animal domestique

Nous, Gardien Jean-Luc PIKARD, assisté des Gardiens William RIRER et Eliot MONTGOMERY

Agents de Police Judiciaire Adjoints, dûment agréés et assermentés par Monsieur le Préfet et Monsieur le Procureur de la république.

En poste à la police Municipale dans la commune de JOINVILLE. Agissant en uniforme, revêtus des signes extérieurs apparents de notre fonction. Conformément aux ordres de nos chefs et sous couvert de notre hiérarchie.

Vu les Articles 21-2°et 429 du Code de Procédure Pénale
Vu les Articles L511-1 et suivants du Code de la Sécurité Intérieure.
Vu l'Article R654-1 du Code pénal.
Vu l'article 78-6 du code de procédure pénale
Vu les Articles 122-4 et 122-7 du Code pénal.

Avons l'honneur de vous rendre compte des fait suivants :

Ce jour, sommes de patrouille portée en notre commune.

à 11h00, De passage rue CRUSHER sommes requis par des passants qui nous informent qu'un chien se trouverait dans un véhicule sur le parking de l'hypermarché.

Citons qu'il est 11h du matin et que la température externe avoisine les 30 degrés.

A 11h05, mettons pied à terre sur le parking.

Constatons que le véhicule est en plein soleil et que toutes les vitres sont fermées.
À l'intérieur, sur la banquette arrière, se trouve un chien couché, tirant la langue et respirant très vite.

Le gardien MONTGOMERY relève la plaque d'immatriculation de l'automobile et se rend rapidement à l'accueil du magasin afin de faire procéder à une annonce pour trouver le conducteur.

A 11h10, le propriétaire ne se présentant pas à nous, décidons, par l'intermédiaire de notre poste central, de contacter l'Officier de Police Judiciaire Territorialement Compétent pour lui relater les faits, ce dernier nous demande de pénétrer dans le véhicule par tout moyens possible afin de mettre l'animal en sécurité.
Demandons également un équipage de la brigade animalière des Sapeurs-Pompiers

Tentons immédiatement d'ouvrir une portière et constatons que ces dernières sont toutes fermées à clef.
Constatons également que le chien présente des difficultés respiratoires importantes.

Devant l'urgence vitale, décidons de casser la vitre avant côté passager à l'aide d'un brise vitre, dont réussite immédiate.

Citons qu'aucun bris de verre ne se trouve au sol à l'extérieur du véhicule.

Evacuons l'animal du véhicule et l'arrosons avec un peu d'eau afin de faire baisser sa température.
Le canidé reprend son souffle et se trouve hors de danger immédiat.
Citons que ce dernier reste calme.

A 11h15, arrivée des Sapeurs-Pompiers, relatons les faits au chef d'agrès qui prend en charge l'animal.

Dans le même temps, arrivée du conducteur du véhicule.

Demandons à l'individu de nous présenter un document justifiant de son identité et de celle de l'animal, dont acte pour une pièce d'identité et le carnet de santé du chien.

A 11h20, relevons l'identité de l'individu et procédons à la verbalisation de Monsieur Jean AIRIENAFAIRE pour mauvais traitement envers un animal domestique.

A 11h25, le chef d'agrès des Sapeurs-Pompiers nous informe que l'animal doit être conduit devant un vétérinaire et qu'il se charge du transport.
Dans le même temps, départ de l'équipage des Sapeurs-Pompiers qui transportent le chien au cabinet vétérinaire le plus proche.

A 11h30, Monsieur AIRIENAFAIRE quitte les lieux à bord de son véhicule en direction du cabinet vétérinaire.

Dans le même temps, informons notre poste central des faits et quittons les lieux.

MENTION COMPLÉMENTAIRE :

Propriétaire et conducteur véhicule :
Monsieur Jean AIRIENAFAIRE né le 12.05.1975 à Libreville. Résidant 9 rue du tortionnaire Bonneville.

Information véhicule :
Renault Clio, immatriculé AA-123-BB
Assurance n° 123456 auprès de MONASSURANCE

Information chien :
Nom : Rouky
Race : Golden retriever
Identifié par transpondeur n°250 123456789
De retour en notre service, rédigeons le présent.

Fait et clos ce jour

Signatures :

Le Gardien Le Gardien Le Gardien
Jean-Luc PIKARD William RIRER Eliot MONTGOMERY

TRANSMISSIONS :
- Monsieur l'Officier de Police Judiciaire Territorialement Compétent
- Monsieur le Procureur de la République
- Monsieur le Maire

Correction RAPPORT 11 – la revanche de la barrière
Rappel du sujet

> Vous êtes le Gardien John SHEPARD accompagné des Gardiens Miranda PARFAITE et Ashley WILLIEMS vous êtes équipés de tonfa, de menottes, de révolver. Vous êtes à bord d'un véhicule indicatif NORMANDIE
>
> Vous êtes en fonction dans la ville de TESSYA.
>
> À 12h30, Vous êtes requis par votre station directrice pour un accident qui serait survenu au 5 de la rue des candélabres.
>
> Sur place, vous constatez la présence d'un véhicule, encastré dans une barrière.
>
> De l'huile et de l'essence coule au sol, des débris jonchent la route.
>
> Une seule voie est encombrée par le véhicule accidenté.
>
> La circulation est dense.
>
> La conductrice est blessée et vous déclare qu'elle a évité un enfant qui traversait la route puis qu'elle a percuté la barrière.
>
> L'officier de permanence de la Gendarmerie est le Major RALENKO.
>
> Relatez vos diligences.
>
> **Conductrice :**
> Madame Samantha TRAYROR né le 12.04.1975 à PALAVENE, Résidant 7 rue de la Citadelle Bonneville.
>
> **L'enfant :**
> Jacob CHRAMBERS, né le 12.01.2010 (10 ans) à TESSIA, habitant au 12 rue des candélabres, TESSYA.
>
> **Mère de l'enfant :**
> Katy CHRAMBERS, née le 16.12.1975 à TESSYA, habitant 12 rue des candélabres, TESSYA.
>
> **Information véhicule :**
> Renault Megane, immatriculé AA-123-BB
> Assurance n° 123456 auprès de MONASSURANCE

Analyse du sujet :

- Vous êtes le Gardien John SHEPARD.
Ce sera mon identité tout le long du rapport, y compris pour les signatures.

- Des collègues les Gardiens Miranda PARFAITE et Ashley WILLIEMS.
Donc nous sommes 3.

- Vous êtes équipés de tonfa, de menottes, de révolver.
Ok on à l'armement, vas-t'ont l'utiliser ?

- Vous êtes à bord d'un véhicule indicatif NORMANDIE.
L'indicatif, on s'en tape un peu, c'est juste une info sur le véhicule.
Par contre cela donne l'indication que nous somme en patrouille portée.

- Vous êtes en fonction dans la ville de TESSYA.
On a la ville de fonction.

- À 12h30, Vous êtes requis par votre station directrice pour un accident qui serait survenu au 5 de la rue des candélabres.
On a l'heure, le lieu et qui nous requiert.

- Sur place, vous constatez la présence d'un véhicule, encastré dans une barrière.
- La conductrice est blessée et vous déclare qu'elle a évité un enfant qui traversait la route puis qu'elle a percuté la barrière.

Voici notre sujet et donc notre objet :
   Accident corporel de la circulation

Donc nous devrons appeler l'opj qui va dépêcher un véhicule sur place et les sapeurs-pompiers.

Mais nous avons aussi une information supplémentaire, l'enfant n'est pas blessé ni sa mère, le sujet n'en disant rien, c'est l'évidence.

Du coup nous pouvons utiliser les informations de la mère en qualité de témoin, l'opj déterminera les responsabilité lors de l'enquête.

Et de toutes manières, c'est l'opj ou le chef de bord PN qui donnera les identités de la mère et de l'enfant, celle de la conductrice sera donnée par le chef d'agrès des sapeurs-pompiers.

- De l'huile et de l'essence coule au sol, des débris jonchent la route.
Ahh on va devoir appeler la voirie pour nettoyer.

- Une seule voie est encombrée par le véhicule accidenté.
- La circulation est dense.

Il va falloir installer un alternat de circulation ou une déviation le temps de l'intervention.

- L'officier de permanence de la Gendarmerie est le Major RALENKO.

Ok, on a son grade et son nom prénom et on est en secteur GENDARMERIE (attention cela arrive).

- Relatez vos diligences.

A quelle heure elle passe ? il faut un billet pour la prendre ?
Je plaisante, allez on passe aux articles.

Au vu de l'analyse que nous venons de faire
On s'intéresse maintenant aux articles fournis et on les trie.

Les articles à utiliser sont :

Pour la compétence du policier (vous vous souvenez, les articles de base de l'entête)

> **Rappelez-vous, même s'ils ne sont pas dans les annexes,
> cela reste LES ARTICLES de base à mettre dans l'entête.**

- Article 21.2° du code de procédure pénale (les policiers municipaux sont agent de police judiciaire adjoint)

- Article 429 code de procédure pénale (valeur des pv ou rapport régulier en la forme et rapporté sur ce qu'un agent a vu entendu ou constaté personnellement)

- Article L511-1 du code de la sécurité intérieure ET suivants (toutes l'étendue des compétences du policier municipal)

Puis les articles de l'infraction relevée (en objet et dans le rapport)

Du coup, il n'y a pas d'infraction à relever

Ensuite les articles de vos diligences

Nous n'en avons aucun à mettre. (Sauf si vous attendez que la diligence passe)

Les articles à écarter dans ce sujet sont les suivants :

- Article 78-6 code de procédure pénale (relatif au relevé d'identité)

Vu que nous ne sommes pas compétent sur un accident corporel

Donc la correction possible serait

RÉPUBLIQUE FRANÇAISE
RAPPORT

POLICE MUNICIPALE
DÉPARTEMENT DE
VILLE DE TESSYA
RAPPORT NUMERO

                                        Le Gardien John SHEPARD
                                        A
                                        Monsieur le Maire,
                                        Monsieur Le Procureur de la République,
                                        Monsieur l'Officier de Police Judiciaire,

L'an deux mille …., le ………du mois de …………….

OBJET : Accident corporel de la voie publique
           (Ou accident corporel de la circulation)

Nous, Gardien John SHEPARD, assisté des Gardiens Miranda PARFAITE et Ashley WILLIEMS du service.
Agents de Police Judiciaire Adjoints, dûment agréés et assermentés par Monsieur le Préfet et Monsieur le Procureur de la république.
En poste à la police Municipale dans la commune de TESSYA. Agissant en uniforme, revêtus des signes extérieurs apparents de notre fonction. Conformément aux ordres de nos chefs et sous couvert de notre hiérarchie.

Vu les Articles 21-2°et 429 du Code de Procédure Pénale
Vu les Articles L511-1 et suivants du code de la sécurité intérieure.

Avons l'honneur de vous rendre compte des fait suivants :

Ce jour, sommes de patrouille portée en notre commune.

A 12h30, sommes requis par notre station directrice pour un accident qui serait survenu au 5 de la rue des candélabres.

A 12h35, sommes sur place et constatons la présence d'un véhicule, encastré dans une barrière.
Observons de l'huile et de l'essence couler au sol ainsi que des débris jonchant la route.
Constatons également qu'une voie est encombrée par le véhicule accidenté et que la circulation est dense.

Immédiatement, les Gardiens PARFAITE et WILLIEMS procèdent à la mise en place d'un alternat de circulation.

Le Gardien SHEPARD prend contact avec la conductrice qui déclare avoir évité un enfant qui traversait la route puis percuté la barrière et se plaint de blessures.
Citons que l'enfant et sa mère sont sur place et apparemment indemne de toute blessure physique.
Nous leur demandons de rester sur place et d'attendre l'arrivée de la gendarmerie.

A 12h40, prenons contact avec la station directrice et demandons l'intervention des Sapeurs-pompiers, de l'officier de police judiciaire territorialement compétent ainsi que des services de la voirie.

A 12h45, arrivée des Sapeurs-pompiers, relatons les faits au chef d'agrès qui prend en charge la victime.

A 12h50, arrivée d'un équipage de Gendarmerie Nationale, relatons les faits au Major RALENKO, officier de police judiciaire, qui prend en charge l'affaire.

A 13h00, l'Officier de la Gendarmerie nous demande de faire appel à une dépanneuse, dont acte.

A 13h10, arrivée de la dépanneuse et des services de la voirie.

A 13h15, départ de la dépanneuse qui prend en charge le véhicule accidenté et le transporte vers le garage Renault le plus proche.

A 13h25, Le chef de bord ayant effectué les constatations d'usage sur l'accident, nous remet les identités de la victime ainsi que de la mère et son enfant.

Citons que nous effectuons un relevé des informations du véhicule pour établir un rapport de dégradation au domaine public.

A 13h30, départ de l'équipage des sapeurs-pompiers, qui transporte la victime vers l'hôpital communal.
Citons que le chef d'agrès nous informe que l'enfant ne nécessite pas de soins.

A 13h35, départ de l'équipage de gendarmerie nationale.
La mère et son enfant quittent également les lieux.

A 13h40, les services de voirie procèdent au nettoyage de la chaussée, à la sécurisation de la barrière et quittent les lieux.

A 13h45, la chaussée étant dégagée, rétablissons le flux de circulation.

A 13h50, Informons notre station directrice des faits et quittons les lieux.

MENTION COMPLÉMENTAIRE :

Identité Conductrice *(victime)* : (remis par la Gendarmerie nationale)
Madame Samantha TRAYROR né le 12.04.1975 à PALAVENE, Résidant 7 rue de la Citadelle Bonneville.

Identités Témoins (remis par la gendarmerie nationale) :
Katy CHRAMBERS, née le 16.12.1975 à TESSYA, habitant 12 rue des candélabres, TESSYA,
Accompagnée de son enfant Jacob CHRAMBERS, né le 12.01.2010 (10 ans) à TESSIA, habitant au 12 rue des candélabres, TESSYA.

Information véhicule :
Renault Megane, immatriculé AA-123-BB
Assurance n° 123456 auprès de MONASSURANCE

De retour en notre service, rédigeons le présent
Fait et clos ce jour

Signatures :
Le Gardien	Le Gardien	Le Gardien
Gardien John SHEPARD	Miranda PARFAITE	Ashley WILLIEMS

TRANSMISSIONS :
- Monsieur l'Officier de Police Judiciaire Territorialement Compétent
- Monsieur le Procureur de la République
- Monsieur le Maire

Correction RAPPORT 12 – Ca sens le gaz

Rappel du sujet

> Vous êtes le Gardien Manu RYDER accompagné des Gardiens Jeanne BALDER et Robin WILLIAMS.
> À 19h30, Vous êtes requis par votre station directrice pour une forte odeur de gaz dans un immeuble au 10 de la rue des senteurs, à ROSEVILLE.
> Sur place, vous constatez une forte odeur se dégageant de l'immeuble.
> Vous effectuez vos diligences.
>
> Plus tard, vous êtes informé par les pompiers que l'odeur provenait d'un tuyau de gaz percé dans l'appartement de la famille TRAYLOR. Ces derniers toussent et se plaignent de maux de tête et de vomissements.
>
> Relatez vos diligences.
>
> **Victime 1 :**
> Madame Martine TRAYLOR né le 03.04.1933 à ROSEVILLE, Résidant 10 de la rue des senteurs, à ROSEVILLE
>
> **Victime 2 :**
> Monsieur JEAN TRAYLOR, né le 05.11.1975 à ROSEVILLE, Résidant 10 de la rue des senteurs, à ROSEVILLE
>
> **Victime 3 :**
> Madame Kelly CHAMBERS épouse TRAYLOR, née le 16.12.1975 à TESSIA, habitant 10 de la rue des senteurs, à ROSEVILLE
>
> **Victime 4 :**
> Monsieur Jacob TRAYLOR, né le 12.01.2010 (10 ans) à PALAVEN, Résidant 10 de la rue des senteurs, à ROSEVILLE

Analyse du sujet :

- Vous êtes le Gardien Manu RYDER,
Ce sera mon identité tout le long du rapport, y compris pour les signatures.

- Deux collègues les Gardiens Jeanne BALDER et Robin WILLIAMS.
Donc nous sommes 3.

- On a pas de caméra.
On aura pas à l'inclure dans le rapport.

> **Le sujet ne dit pas si l'on est en véhicule ou pas, nous sommes donc libre de le supposer pour une question de pratique et de simplicité.**

- À 19h30, Vous êtes requis par votre station directrice pour une forte odeur de gaz dans un immeuble au 10 de la rue des senteurs, à ROSEVILLE

- Plus tard, vous êtes informé par les pompiers que l'odeur provenait d'un tuyau de gaz percé dans l'appartement de la famille TRAYLOR.
Ces derniers toussent et se plaignent de maux de tête et de vomissements.

On a notre objet :
   Fuite de gaz
Et oui, c'est un objet d'une simplicité rare, mais il est possible que ce soit le cas le jour du concours (cela vous apprend à rester simple 😊

Nous avons également une information supplémentaire, la famille TRAYLOR vas devoir être évacuée vers l'hôpital par les Sapeurs-pompiers.
   Du coup, nous savons qui nous allons appeler
   - *L'OPJ pour le tenir au courant et qu'il nous envoie du renfort éventuel,*
   - *Les sapeurs-pompiers,*
   - *GRDF (compagnie du gaz) (pour faire couper le gaz le temps de l'intervention)*

- Nous avons une liste de victime
Victime 1 : Madame né le 03.04.1933 = Une personne âgée.
Victime 2 et 3 : Monsieur né le 05.11.1975 et Madame née le 16.12.1975 = deux adultes.
Victime 4 : Jacob, né le 12.01.2010 (10 ans) = un enfant

Ils seront tous évacués vers l'hôpital, donc minimum 3 véhicules des Sapeurs-pompiers
   - *Un pour la mère et l'enfant*
   - *Un pour le père*
   - *Un pour la grand-mère*

MAIS il y a aussi l'équipe qui va se charger du gaz, donc nous auront besoin au total de 4 véhicules de SP.

ATTENTION
Vous êtes compétent pour

procéder à la fermeture d'urgence des vannes et boutons d'arrêt de TOUT.
(on appelle tout cela des fluides, même si ce n'est pas liquide)
- Vannes GAZ
- Compteur électrique
- Vanne d'eau
- Vanne d'essence
- Etc..

Par contre, vous
N'ETES PAS HABILITE A REMETTRE EN ROUTE LES FLUIDES

Donc il faudra <u>faire intervenir les agents habilités</u> pour remettre tout cela en route.

N'OUBLIEZ PAS LES BESOINS EN EVACUATION

Il y a des situations où nous devons penser à effectuer ou faire effectuer certaines taches :

Danger pour les résident : évacuer les personnes
(soit nous, soit sapeurs-pompiers, soit Police Nationale/Gendarmerie etc.)

Lorsque cela concerne l'eau, il va falloir penser à faire pomper le sol
(soit les Sapeurs-pompiers, soit le service des eaux)

Pour le gaz : on doit ventiler l'habitation, le local…
(Sapeurs-pompiers en général)

Pour les fumées après incendie : ventilation obligatoire aussi
(sapeurs-Pompiers)

POUR INFORMATION

Que ce soit les agents ERDF, GRDF, Telecom, service des eaux etc,

La réparation des dégâts n'intervient que si la dégradation est localisée
<u>*AVANT*</u> *le compteur de l'habitation.*

*Tout ce qui se situe <u>APRES</u> le compteur (ou le robinet/vanne qui sort du mur)
est de la responsabilité du propriétaire/locataire, donc à ses frais
(l'assurance habitation prendra le relais pour envoyer un dépanneur, mais ça, ce n'est pas votre affaire).*

Pour le rapport, restez simple, laissez les agents GRDF réparer le tuyau.

Au vu de l'analyse que nous venons de faire ;
On s'intéresse maintenant aux articles fournis et on les trie.

Les articles à utiliser sont :

Pour la compétence du policier (vous vous souvenez, les articles de base de l'entête)

- Article 21.2° du code de procédure pénale (les policiers municipaux sont agent de police judiciaire adjoint)

- Article 429 code de procédure pénale (valeur des pv ou rapport régulier en la forme et rapporté sur ce qu'un agent a vu entendu ou constaté personnellement)

- Article L511-1 du code de la sécurité intérieure ET suivants (toutes l'étendue des compétences du policier municipal)

> **Souvenez-vous que s'ils n'y sont pas, on les mets quand même ☺**

Puis les articles de l'infraction relevée (en objet et dans le rapport)

Il n'y a aucune infraction à relever

Ensuite les articles de vos diligences
Il n'y a aucun article à relever

Les articles à écarter dans ce sujet sont les suivants :

- Article 78-6 code de procédure pénale (relatif au relevé d'identité)
Nous ne l'utiliserons pas puisque il n'y a pas de verbalisation à effectuer.

Donc la correction possible serait

RÉPUBLIQUE FRANÇAISE
RAPPORT

POLICE MUNICIPALE
DÉPARTEMENT DE
VILLE DE ROSEVILLE.
RAPPORT NUMERO

                                  Le Gardien Manu RYDER
                                  A
                                  Monsieur le Maire,
                                  Monsieur Le Procureur de la République,
                                  Monsieur l'Officier de Police Judiciaire,

L'an deux mille ……, le ………du mois de ……………..

OBJET : Fuite de Gaz dans un immeuble, 4 victimes intoxiquées

Nous, Gardien Manu RYDER, assisté des Gardiens Jeanne BALDER et Robin WILLIAMS du service.
Agents de Police Judiciaire Adjoints, dûment agréés et assermentés par Monsieur le Préfet et Monsieur le Procureur de la république.
En poste à la police Municipale dans la commune de ROSEVILLE. Agissant en uniforme, revêtus des signes extérieurs apparents de notre fonction. Conformément aux ordres de nos chefs et sous couvert de notre hiérarchie.
Vu les Articles 21-2°et 429 du Code de Procédure Pénale
Vu les Articles L511-1 et suivants du Code de la Sécurité Intérieure

Avons l'honneur de vous rendre compte des fait suivants :
Ce jour sommes de patrouille en notre commune.

À 19h30, sommes requis par notre station directrice pour une forte odeur de gaz dans un immeuble au 10 de la rue des senteurs.

A 19h35, sommes sur place et mettons pieds à terre.

A la porte de l'immeuble, constatons une forte odeur se dégageant du hall.

Immédiatement informons notre station directrice des faits et demandons l'intervention des agent de gaz de France, électricité de France et des sapeurs-pompiers.

Citons que nous informons également l'officier de police judiciaire territorialement compétent, ce dernier nous demande de prendre en charge l'affaire.

Etablissons un périmètre de sécurité d'environ 50 mètres et dévions la circulation routière sur la rue adjacente.

Dans le même temps, l'agent BALDER procède à l'arrêt du gaz et de l'électricité par les vannes et bouton d'urgence.

A l'aide du haut-parleur de notre véhicule de service, effectuons une annonce.
Cette annonce invite les occupants de l'immeuble à évacuer les lieux, dont acte.

A 19h40, arrivée de quatre véhicules de secours de sapeurs-pompiers, relatons les faits au chef d'agrès, ce dernier prend en charge l'affaire.

Les soldats du feu pénètrent dans le bâtiment pour vérifier que les habitants sont tous évacués, dont réponse positive.

A 19h50, arrivée des agents de Gaz de France et des agent d'EDF, ces derniers prennent en charge l'affaire.

A 20h00, sommes informés par le chef d'agrès des sapeurs-pompiers que l'odeur provient de l'appartement de la famille TRAYLOR.

Ces derniers toussent, se plaignent de maux de tête, de vomissements et sont pris en charge par les sapeurs-pompiers.

A 20h05, le chef d'agrès des Sapeurs-Pompiers nous informe que les victimes sont au nombre de quatre et nous remet leurs identités. (voir mentions complémentaires)
Leur état implique une conduite immédiate à l'hôpital.

A 20h10, prise en charge des victimes et départ de trois véhicules de secours vers l'hôpital communal.

Citons que l'équipage restant se charge de la ventilation de l'immeuble.

Citons que les agents de gaz de France et des sapeurs-pompiers procèdent à la recherche de la fuite.

A 20h15, sommes informés par les Pompiers que la fuite provient d'un tuyaux de gaz percé dans l'appartement des victimes.

Citons que les agents de gaz de France procèdent à la réparation de ce tuyaux.

A 20h20, sommes informés par le chef d'agrès des Sapeurs-pompiers que le gaz est évacué de l'immeuble et que les habitants peuvent rejoindre leurs appartements.

A 20h25, les agents de gaz de France rétablissent le gaz dans l'immeuble.
Dans le même temps, les agents d'EDF rétablissent le courant dans l'immeuble.

A 20h30, départ des sapeurs-pompiers, d'EDF et de gaz de France.

A 20h35, invitons les habitants à rejoindre leur domicile, dont acte.

A 20h40, rétablissons le flux de circulation à la normale en levant le périmètre de sécurité.

A 20h45, informons notre station directrice des faits et quittons les lieux.

MENTION COMPLÉMENTAIRE :
Identités remises par les Sapeurs-Pompiers

Identités victimes :
Victime 1 :
Madame Martine TRAYLOR né le 03.04.1933 à ROSEVILLE, Résidant 10 de la rue des senteurs, à ROSEVILLE

Victime 2 :
Monsieur JEAN TRAYLOR, né le 05.11.1975 à ROSEVILLE, Résidant 10 de la rue des senteurs, à ROSEVILLE

Victime 3 :
Madame Kelly CHAMBERS épouse TRAYLOR, née le 16.12.1975 à TESSIA, habitant 10 de la rue des senteurs, à ROSEVILLE

Victime 4 :
Monsieur Jacob TRAYLOR, né le 12.01.2010 (10 ans) à PALAVEN, Résidant 10 de la rue des senteurs, à ROSEVILLE

De retour en notre service, rédigeons le présent
Fait et clos ce jour

Signatures :
Le Gardien   Le Gardien   Le Gardien
Manu RYDER   Jeanne BALDER   Robin WILLIAMS

TRANSMISSIONS :
- Monsieur l'Officier de Police Judiciaire Territorialement Compétent
- Monsieur le Procureur de la République
- Monsieur le Maire

CORRECTION RAPPORT 13 – motocross
Rappel du sujet

> Vous êtes le Gardien Maurice DUPOND, accompagné des Gardiens Johan LOUIS, Roméo MONTAIGU et Catherine DURAND.
> Vous êtes équipés de tonfa, de menottes, de révolver. Vous êtes à bord d'un véhicule de patrouille dans la ville de LITANI.
>
> À 18h30, Vous êtes requis par un citoyen qui vous informe qu'il viendrait de se produire un accident dans la rue Patate.
>
> Sur place, vous constatez une motocross au sol.
> Un jeune homme, le conducteur, est présent et se tient la jambe, cette dernière est déformée.
> Il n'y a aucun casque sur les lieux.
> À l'avant de la moto se trouve un petit garçon couché au sol inconscient.
> À côté de lui se trouve sa mère qui crie et pleure.
> En dessous d'eux se trouve un passage piéton.
>
> Autour de la scène, les véhicules sont arrêtés et les badauds sont de plus en plus nombreux.
>
> Vous êtes informés par un témoin que le conducteur était sans casque et effectuait une roue arrière lorsqu'il a percuté l'enfant.
>
> Relatez vos diligences.
>
> <u>Conducteur motocross</u> :
> Monsieur Kévin NIMP né le 12.04.2004 (16 ans) à LITANI, Résidant 7 rue de la Stupidité, à LITANI.
>
> <u>L'enfant</u> :
> Tom TAYLOR, né le 12.01.2010 (10 ans) à LITANI, habitant au 12 rue Patate, à LITANI.
>
> <u>Mère de l'enfant</u> :
> Kelly TAYLOR, née le 16.12.1975 à LITANI, habitant 12 rue Patate, à LITANI.
>
> <u>Information véhicule</u> :
> Motocross non immatriculé, numéro de moteur 123456789
>
> <u>Identité témoin</u> :
> Monsieur Patrick ETOILE né le 12.04.1960 à LITANI, Résidant 21 rue de la Garde, à LITANI.

Analyse du sujet :
- Vous êtes le Gardien Maurice DUPOND,
   Ce sera mon identité tout le long du rapport, y compris pour les signatures.
- Trois collègue le Gardiens Johan LOUIS, Roméo MONTAIGU et Catherine DURAND
   Donc nous sommes 4.
- Vous êtes équipés de tonfa, de menottes, de révolver.
   On a l'armement, vu le sujet, on en aura pas besoin.
- On a pas de caméra.
   On aura pas à l'inclure dans le rapport.
- Vous êtes à bord d'un véhicule de patrouille dans la ville de LITANI.
   On est en patrouille portée, sur la commune de LITANI.
- À 18h30, Vous êtes requis par un citoyen qui vous informe qu'il viendrait de se produire un accident dans la rue Patate.
   Ahh le sujet déjà se précise.
- Sur place, vous constatez une motocross au sol.
- Un jeune homme, le conducteur, est présent et se tient la jambe, cette dernière est déformée.

   Déjà un blessé, conducteur d'une motocross, donc sapeurs-pompiers

- À l'avant de la moto se trouve un petit garçon couché au sol inconscient.
- À côté de lui se trouve sa mère qui crie et pleure.

L'enfant est blessé, sa mère pleure et le sujet ne nous donne pas son état de santé, donc on en déduit qu'elle n'est pas blessée mais juste affolée de la vue de son fils au sol.
Nous sommes donc sur un accident impliquant un véhicule et deux victimes.

- En dessous d'eux se trouve un passage piéton.

On peut supposer que le conducteur du motocross aurait percuté l'enfant sur le passage piéton, un refus de priorité a piéton régulièrement engagé à verbaliser ?
Un rodeo sauvage à mettre à disposition (délit)?

- Il n'y a aucun casque sur les lieux.

Un non port de casque à verbaliser ?

- Vous êtes informés par un témoin que le conducteur était sans casque et effectuait une roue arrière lorsqu'il a percuté l'enfant.

Un défaut de maitrise de véhicule à verbaliser ?

- <u>Information véhicule</u> :
Motocross non immatriculé, numéro de moteur 123456789
Engin non homologué route à verbaliser et mettre en fourrière ?

Vous êtes certain des verbalisations ou mise à disposition ????
VRAIMENT CERTAIN ?

Que constatons nous vraiment ??? (429 Cpp)
Pas la conduite du motocross effectuant une roue arrière sans casque et percutant un enfant sur un passage piéton en tout cas.
On ne constate que des gens au sol, <u>DES VICTIMES</u>
On ne peut donc PAS verbaliser. Sinon on tombe dans l'enquête judiciaire

Le sujet dit bien que vous arrivez et vous constatez LA SCENE FINALE de l'accident, PAS LES CIRCONSTANCES.

Nous avons donc notre objet : accident de la voie publique corporel. **<u>ET C'EST TOUT</u>**.

C'est l'opj qui fera l'enquête des circonstances de l'accident.

A partir de là, il nous faudra :
- 2 équipage de Sapeurs-pompiers (un pour le conducteur motocross, un pour l'enfant.).
- Appel Police nationale pour demander un équipage.
- Appel voirie pour nettoyage chaussée.
- Appel dépanneuse pour évacuer motocross (sur instruction PN).
- Déviation de la circulation.

Ensuite nous avons d'autres informations :
- Autour de la scène, les véhicules sont arrêtés et les badauds sont de plus en plus nombreux.

Il faudra les éloigner.

- Conducteur motocross : né le 12.04.2004 (16 ans)

Le conducteur à 16 ans, parents prévenu par chef d'agrès des SP.

- L'enfant : né le 12.01.2010 (10 ans)

L'enfant est avec sa mère, donc pas besoin de prévenir, elle partira avec lui dans le véhicule SP

- Identité témoin :
Monsieur Patrick ETOILE né le 12.04.1960 à LITANI, Résidant 21 rue de la Garde, à LITANI.

Nous avons un témoin !

Au vu de l'analyse que nous venons de faire ;
On s'intéresse maintenant aux articles fournis et on les trie.

Les articles à utiliser sont :

Pour la compétence du policier (vous vous souvenez, les articles de base de l'entête)

- Article 21,2° code de procédure pénale (les policiers municipaux sont agent de police judiciaire adjoint)
- Article 429 code de procédure pénale (valeur des pv ou rapport régulier en la forme et rapporté sur ce qu'un agent a vu entendu ou constaté personnellement)
- Article L511-1 du code de la sécurité intérieure ET suivants (toutes l'étendue des compétences du policier municipal)

Puis les articles de l'infraction relevée (en objet et dans le rapport)

Ben du coup, AUCUN.

Ensuite les articles de vos diligences

C'est complètement pareil, AUCUN article à relever.

Les articles à écarter dans ce sujet sont les suivants :

- Article 73 code de procédure pénale (toutes personne en cas de crime ou délit flagrant, doit conduire le mis en cause devant un officier de police judiciaire le plus proche)

Pas de délit ! pas de mise à disposition !

- Article 803 code de procédure pénale (relatif au menottage)

Nous n'aurons besoin de menotter personne, il n'y a aucune violence physique, ni fuite.

- Article 78-6 code de procédure pénale relatif au relevé d'identité

Nous ne verbalisons personne du coup, puisque nous ne constatons pas d'infractions.

- Article R431-1 du code de la route (relatif au non port de casque par le conducteur d'une moto)

Nous n'avons pas constaté personnellement l'infraction, donc nous ne pouvons pas verbaliser.

- Article R412-6 du code de la route (relatif à la conduite d'un véhicule avec imprudence et irrespect des usagers de la route)

C'est totalement la même chose que précédemment, nous n'avons constaté aucune infraction.

<u>Donc la correction possible serait</u>

RÉPUBLIQUE FRANÇAISE
RAPPORT

POLICE MUNICIPALE
DÉPARTEMENT DE
VILLE DE LITANI
RAPPORT
NUMERO

                                       Le Gardien Maurice DUPOND
                                       A
                                       Monsieur le Maire,
                                       Monsieur Le Procureur de la République,
                                       Monsieur l'Officier de Police Judiciaire

L'an deux mille …….., le ………du mois de ……………..

OBJET : Accident sur la voie publique corporel (deux victimes)

Nous, Gardien Maurice DUPOND, assisté des Gardiens Johan LOUIS, Roméo MONTAIGU et Catherine DURAND du service.

Agents de Police Judiciaire Adjoints, dûment agréés et assermentés par Monsieur le Préfet et Monsieur le Procureur de la république.

En poste à la police Municipale dans la commune de LITANI. Agissant en uniforme, revêtus des signes extérieurs apparents de notre fonction. Conformément aux ordres de nos chefs et sous couvert de notre hiérarchie.

Vu les Articles 21,2° et 429 du Code de Procédure Pénale

Vu les Articles L511-1 et suivants du Code de la Sécurité Intérieure

Avons l'honneur de vous rendre compte des fait suivants :

Ce jour sommes de patrouille portée en notre commune.

À 18h30, sommes requis par un citoyen qui nous informe qu'il viendrait de se produire un accident dans la rue Patate.

A 18h35, sommes sur place.

Constatons une motocross au sol.

Un jeune homme, le conducteur, est présent et se tient la jambe, cette dernière est déformée, il n'y a aucun casque sur les lieux.

À l'avant de la moto se trouve un petit garçon couché au sol inconscient, une femme qui crie et pleure est auprès de lui.

En dessous d'eux se trouve un passage piéton.

Concomitamment, vérifions l'arrêt total de la motocross, dont arrêt effectif.

Un témoin se présente à nous et nous déclare que le conducteur était sans casque et effectuait une roue arrière lorsqu'il a percuté l'enfant.

Nous lui demandons de rester à proximité immédiate des lieux, dont acte.

A 18h36, contactons notre poste central afin de demander l'intervention des sapeurs-pompiers, de la police nationale, de la voirie ainsi qu'une dépanneuse.

Constatons également qu'autour de l'accident, plusieurs véhicules sont arrêtés et les badauds sont de plus en plus nombreux.

Dans le même temps, le Gardien DURAND effectue une fluidification de la circulation et le Gardien MONTAIGU déploie de la rubalise afin d'éloigner les badauds.

Le Gardien DUPOND prend contact avec la femme qui est près de l'enfant.

Cette dernière l'informe que l'enfant est son fils et qu'il est inconscient.

Le Gardien LOUIS prend contact avec le conducteur de la motocross, ce dernier se plaint de sa jambe.

A 18h45, arrivée de deux équipages de sapeurs-pompiers.

Relatons les fait au chef d'agrès qui prend en charge les victimes.

Dans le même temps, arrivée d'un équipage de police nationale, relatons les faits au chef de bord qui prend en charge l'affaire.

Citons que nous l'orientons sur le témoin de la scène, toujours présent.

A 18h50, arrivée de la dépanneuse qui prend en charge le véhicule.

A 19h00, sommes informés par le chef d'agrès des Sapeurs-pompiers que les victimes doivent être conduites immédiatement à l'hôpital.

Ce dernier nous remets leurs identités ainsi que celle de la mère du petit. (voir mention complémentaires)
Citons qu'il nous informe se charger de prévenir la famille du conducteur de la motocross qui est mineur.
Dans le même temps arrivée du personnel de la voirie.
A 19h05, départ des deux équipages de sapeurs-pompiers qui transportent le conducteur de la motocross ainsi que l'enfant et sa mère vers l'hôpital communal.
Dans le même temps, le chef de bord de la police nationale nous remet l'identité du témoin ainsi que le numéro de moteur de la motocross non immatriculé (voir mention complémentaire) et quitte les lieux en direction de l'hôpital communal.
A 19h15, départ de la dépanneuse qui transporte le véhicule au dépôt.
Dans le même temps, les agents de la voirie procèdent au nettoyage de la chaussée.
A 19h20, le nettoyage terminé, la voirie quitte les lieux.
Retirons la rubalise du périmètre et constatons que la circulation est fluide.
A 19h25, informons notre station directrice des faits et quittons les lieux.

MENTION COMPLÉMENTAIRE :

Remis par chef d'agrès des Sapeurs-Pompiers :
Identité du conducteur motocross :
Monsieur Kévin NIMP né le 12.04.2004 (16 ans) à LITANI, Résidant 7 rue de la Stupidité, à LITANI.
Identité de l'enfant :
Tom TAYLOR, né le 12.01.2010 (10 ans) à LITANI, habitant au 12 rue Patate, à LITANI.
Identité de la mère de l'enfant :
Kelly TAYLOR, née le 16.12.1975 à LITANI, habitant 12 rue Patate, à LITANI.
Remis par la Police nationale :
Information véhicule :
Motocross non immatriculé, numéro de moteur 123456789
Identité du témoin :
Monsieur Patrick ETOILE né le 12.04.1960 à LITANI, Résidant 21 rue de la Garde, à LITANI.
De retour en notre service, rédigeons le présent
Fait et clos ce jour

Signatures :
Le Gardien   Le Gardien   Le Gardien   Le Gardien
Maurice DUPOND   Johan LOUIS   Roméo MONTAIGU   Catherine DURAND

TRANSMISSIONS :
- Monsieur l'Officier de Police Judiciaire Territorialement Compétent
- Monsieur le Procureur de la République
- Monsieur le Maire
- Archives du service

CORRECTION RAPPORT 14 – tel est pris
Rappel du sujet

> Vous êtes le Gardien Jean DITTOUT, accompagné des Gardiens Robert PIRLOUIS, Alice VENDRI et Kévin FRAIS.
>
> Vous êtes équipés de votre téléphone de service, d'une caméra individuelle et de votre appareil de verbalisation.
>
> Vous êtes à bord d'un véhicule de patrouille, rue Filaterie.
>
> A 14h30, Vous êtes requis par un riverain qui vous signale qu'un individu est à l'intérieur du POLE EMPLOI du 21 rue Filaterie, à ANNECY
>
> Sur place, vous constatez des gens qui sortent, en panique du bâtiment.
> L'un d'eux vous dit qu'un individu armé d'un couteau est à l'intérieur et qu'il demande que les agents de l'accueil lui remette l'argent de la caisse.
>
> Le Commissariat est sur la commune.
> L'officier de permanence est le Lieutenant John RABOT
>
> <u>Individu armé</u> :
> Monsieur Arnold SWARZ né le 01.05.1990 à Annecy, Résidant 7 rue de Seynod, à Annecy.

Analyse du sujet :

- Vous êtes le Gardien Jean DITTOUT,
  Ce sera mon identité tout le long du rapport, y compris pour les signatures.

- Trois collègue les Gardiens Robert PIRLOUIS, Alice VENDRI et Kévin FRAIS
  Donc nous sommes 4.

- Vous êtes équipés de téléphone, caméra et appareil de verbalisation.
  Et oui, dans certaines commune on a rien du tout comme équipement de défense…
  (Autrement dit vous n'avez que la B*te et même pas le couteau ☺☺☺☺)

- On une caméra.
  On doit l'inclure dans le rapport

- Vous êtes à bord d'un véhicule de patrouille rue Filaterie
  On est en patrouille portée, rue Filaterie

- À 14h30, par un riverain qui vous signale qu'un individu est à l'intérieur du POLE EMPLOI du 21 rue Filaterie, à ANNECY
  Ahh le sujet déjà se précise. Et on a une information de plus, notre commune : Annecy

- Sur place, vous constatez des gens qui sortent, en panique du bâtiment.
  Ok donc témoins potentiels, victimes potentielles (choc psy ou blessure) mais pour l'instant on en sait rien, prévoir peut être pompiers, ou simplement demander s'ils en ont besoin.

- L'un d'eux vous dit qu'un individu armé d'un couteau est à l'intérieur et qu'il demande que les agents de l'accueil lui remette l'argent de la caisse.

  Et là on a notre sujet ! : **Tentative de Vol à main armé.**
  Pourquoi on a tentative : il est vraiment débile le mis en cause, il n'y a pas de caisse dans POLE EMPLOI, rien à voler mais il tente de voler quand même.

> **UNE TENTATIVE EST PUNIE**
> **DES MEMES SANCTION QUE L'ACTE CONSOMME JUSQU'AU BOUT**

- Le Commissariat est sur la commune.
  L'officier de permanence est le Lieutenant John RABOT
  Ok on parle de commissariat = police nationale,
  Rien ne nous dit que la PN n'est pas disponible, ils vont venir sur place de toute façon, je vous rappelle que vous n'êtes pas armé (et même si vous l'étiez, **VOUS N'ENTREZ PAS !!**)

- Individu armé : Monsieur Arnold SWARZ né le 01.05.1990 à Annecy, Résidant 7 rue de Seynod, à Annecy.
  On a son identité qui nous sera remise par l'OPJ

Donc on résume :
Individu qui est dans pôle emploi avec un couteau.
La seule chose à faire, c'est allo OPJ, périmètre de sécurité éventuellement dévier la circulation

!! ET C'EST TOUT !!
!! ON INTERVIENT PAS !!
!! ON NE SE MET PAS EN DANGER !!
Ce sera la même chose pour :
- Cambriolage en cours
- Vol à main armé en cours
- Prise d'otage en cours
- Terroriste retranché
- Individu retranché

!! ON NE JOUE PAS AUX HEROS !!
LES CIMETIERES EN SONT REMPLIS
Armés en létal ou pas !!!
VOUS N'ETES PAS FORMÉS
POUR CE GENRE D'INTERVENTION

Au vu de l'analyse que nous venons de faire ;
On s'intéresse maintenant aux articles fournis et on les trie.
Les articles à utiliser sont :

Pour la compétence du policier (vous vous souvenez, les articles de base de l'entête)

- Article 21,2° du code de procédure pénale (les policiers municipaux sont agent de police judiciaire adjoint)

- Article 429 code de procédure pénale (valeur des pv ou rapport régulier en la forme et rapporté sur ce qu'un agent a vu entendu ou constaté personnellement)

- Article L511-1 du code de la sécurité intérieure ET suivants (toutes l'étendue des compétences du policier municipal)

Puis les articles de l'infraction relevée (en objet et dans le rapport)

- Article 311-1 du code pénal (article prévoyant le vol)

- Article 311-8 du code pénal (article du vol avec menace d'une arme) !
On les met car l'objet est tentative de vol à main armée, ce n'est pas un vol simple
Toutefois vu que c'est l'opj qui va tout traiter, c'est pas obligatoire de les mettre

> **NOTA : le vol à main armée fait basculer le délit en CRIME**

Ensuite les articles de vos diligences

- Article L241-2 du code de la sécurité intérieure (Relatif à l'usage de la caméra)

> ***Vous allez PREVENIR ET SECURISER ET C'EST TOUT***
> ***Pourquoi ?***
> ***Vous n'êtes pas armes, il est à l'intérieur.***

Les articles à écarter dans ce sujet sont les suivants :

- Article 73 code de procédure pénale (toutes personne en cas de crime ou délit flagrant, doit conduire le mis en cause devant un officier de police judiciaire le plus proche)
   Ce ne sera pas vous qui allez faire l'appréhension

- Article 803 code de procédure pénale (relatif au menottage)
   Nous n'aurons besoin de menotter personne, car nous n'allons pas jouer au héros.

- Article 78-6 code de procédure pénale relatif au relevé d'identité
   Nous ne verbalisons personne du coup, puisque nous ne sommes pas compétent.

- Article 311-3 du Code pénal relatif à la punition de l'infraction de vol simple
   Vu que c'est un vol aggravé, c'est pas celui-ci qui va être utilisé

- Article 311-4 du code pénal relatif aux circonstances aggravantes
   Vu que ce ne sont pas celles qui sont listées, ce n'est pas cet article à utiliser

Donc la correction possible serait

RÉPUBLIQUE FRANÇAISE
RAPPORT

POLICE MUNICIPALE
DÉPARTEMENT DE
VILLE D'ANNECY
RAPPORT NUMERO

Le Gardien Jean DITTOUT
A
Monsieur le Maire,
Monsieur Le Procureur de la République,
Monsieur l'Officier de Police Judiciaire

L'an deux mille …….., le ………du mois de ……………..

OBJET : *Tentative de Vol à main armé.*

Nous, Gardien Jean DITTOUT, assisté des Gardiens Robert PIRLOUIS, Alice VENDRI et Kévin FRAIS du service.
Agents de Police Judiciaire Adjoints, dûment agréés et assermentés par Monsieur le Préfet et Monsieur le Procureur de la république.
En poste à la police Municipale dans la commune d'Annecy. Agissant en uniforme, revêtus des signes extérieurs apparents de notre fonction. Conformément aux ordres de nos chefs et sous couvert de notre hiérarchie.

Vu les Articles 21-2° et 429 du Code de Procédure Pénale
Vu les Articles L511-1 et suivants du Code de la Sécurité Intérieure
Vu les Articles 311-1 et 311-8 du code pénal *(pas obligé de les mettre)*
Vu l'Article L241-2 du code de la sécurité intérieure

Avons l'honneur de vous rendre compte des fait suivants :

Ce jour sommes de patrouille portée, rue Filaterie, en notre commune.

A 14h30 sommes requis par un riverain qui nous signale qu'un individu suspect est à l'intérieur du POLE EMPLOI du 21 de la rue citée ci-dessus.

L'agent PIRLOUIS, porteur de la caméra individuelle, procède à l'allumage de cette dernière.

A 14h31, sommes sur place et constatons des gens qui sortent, en panique du bâtiment.
Mettons pied à terre.

L'une de ces personne, un homme, se présente à nous.
L'informons qu'il fait l'objet d'un enregistrement vidéo.

Ce dernier nous informe qu'un individu armé d'un couteau serait à l'intérieur et qu'il demande que les agents de l'accueil lui remettent l'argent de la caisse.

Constatons à travers les fenêtres, que l'individu se trouve toujours à l'intérieur du bâtiment.

Immédiatement les agents VENDRI et FRAIS mettent en place un périmètre de sécurité d'environ 50 mètres et dévient la circulation sur la rue adjacente.

Dans le même temps, prenons contact avec notre poste central pour l'informer des faits et prenons contact avec l'officier de police judiciaire territorialement compétent.

Ce dernier nous demande de maintenir le périmètre de sécurité et nous dépêche un équipage.

Prenons également contact avec les sapeurs-pompiers pour qu'ils se transportent sur place.

A 14h35, arrivée de plusieurs équipages de police nationale, relatons les faits au Lieutenant John RABOT, ce dernier prend en charge l'intervention.
Dans le même temps, arrivée de plusieurs véhicules de Sapeurs-Pompiers, relatons les faits au chef d'agrès qui se charge de rechercher et de prendre en charge des potentielles victimes.

A 15h00, l'individu décide de se rendre, sans effusion de sang.
Ce dernier est appréhendé par la police nationale pour tentative de vol à main armée.

L'officier de police judiciaire nous remet l'identité de l'individu (voir mention complémentaire)

L'informons de l'existence d'un enregistrement vidéo de l'intervention que nous tenons à sa disposition en notre service.

A 15h10, départ des équipages de police nationale qui transportent l'individu vers le commissariat de la commune.

Dans le même temps, départ des sapeurs-pompiers.
Citons que le chef d'agrès nous informe qu'aucune victime n'est à déplorer.

A 15h15, retirons le périmètre de sécurité et rétablissons le flux de circulation.

A 15h20, informons notre station directrice des faits, procédons à l'extinction de la caméra et quittons les lieux.

MENTION COMPLÉMENTAIRE :
(remis par la Police nationale)
Identité du mis en cause :
Monsieur Arnold SWARZ né le 01.05.1990 à Annecy, Résidant 7 rue de Seynod, à Annecy.

De retour en notre service, rédigeons le présent
Fait et clos ce jour

Signatures :
Le Gardien	Le Gardien	Le Gardien	Le Gardien
Jean DITTOUT	Robert PIRLOUIS	Alice VENDRI	Kévin FRAIS

TRANSMISSIONS :
- Monsieur l'Officier de Police Judiciaire Territorialement Compétent
- Monsieur le Procureur de la République
- Monsieur le Maire
- Archives du service

Correction RAPPORT 15 – une odeur d'enfer

Rappel du sujet

> Vous êtes le Brigadier-chef principal Robert JOUR, accompagné des Gardiens-brigadier Johan LOUIS et Catherine DURAND.
> Vous patrouillez dans votre ville d'affectation, ACIDELAND
>
> A 15h00, Vous êtes requis par votre poste central qui vous demande de vous rendre au 54 de la rue Berthe pour une odeur suspecte.
>
> Nous sommes au mois de décembre, la température extérieure est de 5 degrés.
>
> Sur place, vous constatez un regroupement de voisins.
> Ces derniers vous informent que ça sent le fioul dans toute la rue.
> Un couple de personnes âgées viens à vous.
>
> Ce sont les propriétaires du 54 de la rue Berthe. Ils vous informent que leur cuve à fioul a une fuite et que le réparateur est à l'œuvre pour la réparer.
>
> Le réparateur vous informe qu'environs 150 litres de fioul se serait déversé dans la nature et que ladite fuite serait due à une cuve non conforme.
> La réparation, étant faite, il quitte les lieux.
>
> Expliquez vos actions.
>
> **Propriétaires de la maison** :
> Monsieur Raymond LEVIEUX né le 12.04.1930 à ACIDELAND, Résidant 54 rue Berthe, à ACIDELAND.
>
> Madame Raymonde LEVIEUX, née le 16.12.1931 à ACIDELAND, habitant 54 rue Berthe, à ACIDELAND.

Analyse du sujet :

- Vous êtes le Brigadier-chef principal Robert JOUR
  Ce sera mon identité tout le long du rapport, y compris pour les signatures.

- Deux collègues les Gardiens-brigadier Johan LOUIS et Catherine DURAND.
  Donc nous sommes 3.
  ATTENTION aux grades il faut bien marquer ceux fournis par le sujet.

- Vous patrouillez dans votre ville d'affectation, ACIDELAND
  On est en patrouille dans la ville donc portée et la ville est ACIDELAND

- A 15h00, Vous êtes requis par votre poste central qui vous demande de vous rendre au 54 de la rue Berthe pour une odeur suspecte.
  Ok odeur, tout est possible.

- Nous sommes au mois de **décembre**, la température extérieure est de 5 degrés
  Nous avons une information sur le mois et sur les conditions météo à prendre en compte

- Sur place, vous constatez un regroupement de voisins.
  Ok donc témoins potentiels, victimes potentielles mais pour l'instant on en sait rien, prévoir peut être pompiers, ou simplement demander s'ils en ont besoin.

- Ces derniers vous informent que ça sent le fioul dans toute la rue .
    Le sujet se précise un brin, une odeur de fioul dans la rue

- Un couple de personnes âgées viens à vous.
    Il va falloir faire preuve de gentillesse s'ils sont aimable

- Ce sont les propriétaires du 54 de la rue Berthe. Ils vous informent que leur cuve à fioul a une fuite et que le réparateur est à l'œuvre pour la réparer.
    On à notre sujet : fuite de fioul, ou on pourra être plus précis selon les articles fournis à utiliser.
    voyons la suite

- Le réparateur vous informe qu'environs 150 litres de fioul se serait déversé dans la nature.
    Déversement de fioul dans la nature ? va falloir penser à le faire nettoyer et vérifier la pollution et le danger représenté par ce liquide inflammable (y compris les gaz)

- que ladite fuite serait due à une cuve non conforme.
    Peut-être une verbalisation à faire ? nous verrons les articles fournis

- La réparation, étant faite, il quitte les lieux.
    Ok il n'y a plus de fuite, la cuve est réparée.

- Expliquez vos actions.
    bon ben y'a plus qu'à

- Propriétaires de la maison :
  Monsieur Raymond LEVIEUX né le 12.04.1930 à ACIDELAND,
  Résidant 54 rue Berthe, à ACIDELAND.

  Madame Raymonde LEVIEUX, née le 16.12.1931 à ACIDELAND,
  habitant 54 rue Berthe, à ACIDELAND.

    Ok nous sommes en 2022, ils ont donc respectivement 91 et 92 ans
    Personnes vulnérables, on se rappelle qu'il fait froid mais la cuve est réparée, donc le chauffage va fonctionner.

Au vu de l'analyse que nous venons de faire ;
On s'intéresse maintenant aux articles fournis et on les trie.

Les articles à utiliser sont :

Pour la compétence du policier (les articles de base de l'entête)

- Article 21,2° du code de procédure pénale (les policiers municipaux sont agent de police judiciaire adjoint)

- Article 429 code de procédure pénale (valeur des pv ou rapport régulier en la forme et rapporté sur ce qu'un agent a vu entendu ou constaté personnellement)

- Article L511-1 du code de la sécurité intérieure ET suivants (toutes l'étendue des compétences du policier municipal)

Bis répétitas, toujours les mêmes ☺

Puis les articles de l'infraction relevée (en objet et dans le rapport)

- Article R633-6 du code pénal (déversement de liquide insalubre)

Ensuite les articles de vos diligences

- Article 78-6 code de procédure pénale relatif au relevé d'identité
  Nous allons malheureusement devoir verbaliser, l'infraction ne peux pas être cessé

Les articles à écarter dans ce sujet sont les suivants :

- Article 73 code de procédure pénale (toutes personne en cas de crime ou délit flagrant, doit conduire le mis en cause devant un officier de police judiciaire le plus proche)
  Pas nécessaire d'appréhender, il n'y a pas de délit

- Article 803 code de procédure pénale (relatif au menottage)
  Nous n'aurons besoin de menotter personne, car nous n'allons pas appréhender quelqu'un

Donc la correction possible serait

RÉPUBLIQUE FRANÇAISE
RAPPORT

POLICE MUNICIPALE
DÉPARTEMENT DE
VILLE D'ACIDELAND
RAPPORT NUMERO

Le Brigadier-chef principal Robert JOUR
A
Monsieur le Maire,
Monsieur Le Procureur de la République,
Monsieur l'Officier de Police Judiciaire

L'an deux mille …….., le ………du mois de **décembre**

OBJET : Verbalisation de Monsieur et Madame LEVIEUX pour déversement de liquide insalubre (fioul)

Ou tout simplement : Déversement de liquide insalubre (fioul)

Nous, Brigadier-chef principal Robert JOUR, accompagné des Gardiens-brigadiers Johan LOUIS et Catherine DURAND du service.

Agents de Police Judiciaire Adjoints, dûment agréés et assermentés par Monsieur le Préfet et Monsieur le Procureur de la république.
En poste à la police Municipale dans la commune d'Acideland. Agissant en uniforme, revêtus des signes extérieurs apparents de notre fonction. Conformément aux ordres de nos chefs et sous couvert de notre hiérarchie.

Vu les Articles 21-2° et 429 du Code de Procédure Pénale
Vu les Articles L511-1 et suivants du Code de la Sécurité Intérieure
Vu l'Article R633-6 du code pénal
Vu l'Article 78-6 code de procédure pénale

Avons l'honneur de vous rendre compte des fait suivants :

Ce jour sommes de patrouille portée, en notre commune.

A 15h00, sommes requis par notre poste central qui nous demande de nous rendre au 54 de la rue Berthe, pour une odeur suspecte.

Citons que nous sommes au mois de décembre et que la température extérieure est de 5 degrés.

A 15h05, sur place, constatons un regroupement d'individus.
Mettons pieds à terre et prenons contact avec ces derniers.
Ils nous déclarent être les voisins de Monsieur et Madame LEVIEUX et nous informent que ça sent le fioul dans toute la rue .
Constatons également une forte odeur d'hydrocarbure.

Se présente à nous un couple de personnes âgées.
Ces derniers nous déclarent qu'il sont les propriétaires du 54 de la rue Berthe, que leur cuve à fioul a une fuite et que le réparateur est à l'œuvre pour la réparer.

Les propriétaires nous montrent l'endroit de la fuite.
Constatons un déversement de liquide dans le jardin de Monsieur et Madame LEVIEUX.

Dans le même temps, prenons contact avec le réparateur de la cuve.
Ce dernier nous informe qu'environ 150 litres de fioul se serait déversé dans la nature et que ladite fuite serait due à une cuve non conforme.

A 15h10, par l'intermédiaire de notre poste central, demandons l'intervention des sapeurs-pompiers pour vérification de l'étendue de la pollution des sols.
Ces derniers nous dépêche un équipage sur place.

A 15h15, arrivée des Sapeurs-Pompiers, relatons les faits au chef d'agrès qui prend en charge l'affaire.

A 15h20, la réparation et la mise aux normes de la cuve étant faite, le réparateur quitte les lieux et nous informe que le chauffage de la maison fonctionne correctement.

A 15h25, sommes informés par le chef d'agrès des Sapeurs-Pompiers que la pollution n'est pas très importante et qu'il faudra une analyse plus poussée ultérieure par le service environnement.

Citons qu'il nous informe également que l'étendue du déversement ne représente aucun risque d'inflammation, d'explosion ou d'intoxication.
Les riverains et propriétaires peuvent donc regagner leurs domiciles en toute sécurité.

A 15h30, relevons l'identité des propriétaires et verbalisons ces derniers pour déversement de liquide insalubre. (voir mention complémentaire)
Citons qu'il regagnent leur domicile.

Prenons contact avec les voisins et les informons que tout danger est écarté.
Citons que nous les invitons à regagner leurs domicile, dont acte.

A 15h35, prenons contact avec les services environnement de la mairie afin de les informer des faits.
Ces derniers nous informent qu'il se rendront sur place ultérieurement pour constater l'étendue de la pollution et faire nettoyer les lieux si besoin.
Dans le même temps, départ de l'équipage de Sapeurs-Pompiers.

A 15h40, informons notre poste central des faits et quittons les lieux.

MENTION COMPLÉMENTAIRE :

Identité des mis en cause :
Propriétaires de la maison :
Monsieur Raymond LEVIEUX né le 12.04.1930 à ACIDELAND, Résidant 54 rue Berthe, à ACIDELAND.

Madame Raymonde LEVIEUX, née le 16.12.1931 à ACIDELAND, habitant 54 rue Berthe, à ACIDELAND

De retour en notre service, rédigeons le présent
Fait et clos ce jour

Signatures :
Le Brigadier-chef principal Le Gardien-brigadier Le Gardien-brigadier
Robert JOUR Johan LOUIS Catherine DURAND

TRANSMISSIONS :
- Monsieur l'Officier de Police Judiciaire Territorialement Compétent
- Monsieur le Procureur de la République
- Monsieur le Maire
- Archives du service

Correction RAPPORT 16 – jeux de guerre
Rappel du sujet

> Vous êtes le Gardien Adam TROISJOUR, accompagné des Gardiens Alain PROVIST, Roméo MONTAIGU et Agathe THEBLOUSE.
>
> Vous êtes équipés de matraque télescopique, de menottes, de révolver et d'une caméra individuelle.
>
> Vous êtes à bord d'un véhicule de patrouille dans la ville de XVILLE.
>
> A 15h30, rue Hauteclair, vous êtes requis par une dame terrorisée qui vous signale que 2 jeunes individus, vêtus de tenues paramilitaire et armés de pistolets, sont dans le parc qui se situe plus bas dans la rue.
>
> Sur place, au parc municipal de « Chanteclair », vous constatez effectivement 2 jeunes garçons d'environ 15 ans portant tenue militaire et pistolets noirs, s'amusant à viser les usagers du parc et a tirer dans leur direction.
>
> Les jeunes hommes vous informent que ce sont des répliques airsoft de pistolet 9mm.
> Vous constatez qu'elles sont très bien imités.
>
> Relatez vos diligences.
>
> <u>Premier individu</u> :
> Monsieur Alphonse DANSLEMUR, né le 12.04.2005 (16 ans) à XVILLE, Résidant 7 rue de la Drome, à XVILLE.
>
> <u>Second individu</u> :
> Monsieur Alonzo BALMASKER, né le 05.01.2006 (15 ans) à XVILLE, habitant au 10 rue de la Drome, à XVILLE.

Analyse du sujet :

- Vous êtes le Gardien Adam TROISJOUR,
  Ce sera mon identité tout le long du rapport, y compris pour les signatures.

- Trois collègues les Gardiens Alain PROVIST, Roméo MONTAIGU et Agathe THEBLOUSE
  Donc nous sommes 4.

- Vous êtes équipés de matraque télescopique, de menottes, de révolver et d'une caméra individuelle
  Ah, nous avons la caméra et de quoi se défendre, voyons à la lecture de la suite si nous allons en avoir besoin.

- Vous êtes à bord d'un véhicule de patrouille dans la ville de XVILLE.
  On est en patrouille dans un véhicule donc portée et la ville est Xville

- A 15h30, rue Hauteclair, vous êtes requis par une dame terrorisée qui vous signale que 2 jeunes individus, vêtus de tenues paramilitaire et armés de pistolets, sont dans le parc qui se situe plus bas dans la rue.
  Nous avons pas mal d'information là. Une dame terrorisée, deux individus armés et habillé comme des militaires. Il va falloir aller voir avec prudence..

- Sur place, au parc municipal de « Chanteclair »,
  On est dans un parc municipal, donc lieu public.

- Vous constatez effectivement 2 jeunes garçons d'environ 15 ans portant tenue militaire et pistolets noirs, s'amusant à viser les usagers du parc et à tirer dans leur direction.
  Aie !! on constate des armes, pour l'instant nous ne savons pas si ce sont des vraies

- Les jeunes hommes vous informent que ce sont des répliques airsoft de pistolet 9mm. Vous constatez qu'elles sont très bien imités.
  Ce sont des airsoft mais qui ressemblent aux vraies armes, des pistolets, donc catégorie B

- Premier individu :
Monsieur Alphonse DANSLEMUR, né le 12.04.2005 (16 ans) à XVILLE, Résidant 7 rue de la Drome, à XVILLE.
Second individu :
Monsieur Alonzo BALMASKER, né le 05.01.2006 (15 ans) à XVILLE, habitant au 10 rue de la Drome, à XVILLE
  Nous avons les identités et nous constatons qu'ils sont mineurs. Donc parents à prévenir possible

Au vu de l'analyse que nous venons de faire ;
On s'intéresse maintenant aux articles fournis et on les trie.

Les articles à utiliser sont :

Pour la compétence du policier (les articles de base de l'entête)

- Article 21,2° du code de procédure pénale (les policiers municipaux sont agent de police judiciaire adjoint)

- Article 429 code de procédure pénale (valeur des pv ou rapport régulier en la forme et rapporté sur ce qu'un agent a vu entendu ou constaté personnellement)

- Article L511-1 du code de la sécurité intérieure ET suivants (toutes l'étendue des compétences du policier municipal)

A force vous les connaissez ceux-là ☺

Puis les articles de l'infraction relevée (en objet et dans le rapport)

- Article R311-1 du Code de la Sécurité Intérieure (arme factice ayant apparence d'une arme à feu expulsant un projectile non métallique)
Les jeunes nous déclarent que ce sont des airsoft, ce sont de fausses armes qui projettent des billes de plastiques

- Article 132-75 du Code pénal (est assimilé à une arme tout objet qui ressemble à une arme réelle et qui est utilisé pour menacer) (c'est l'article des armes par destination)
Les airsoft ressemblent tellement bien à de vraies armes, que cela rentre dans cet article. De plus le sujet nous dit qu'ils ont visés des gens dans le parc

- Article 433-14 du code pénal (relatif au port d'un uniforme militaire)
Les gosses portent des uniformes militaire, c'est interdit aussi et c'est un délit également

- Article 222-54 du code pénal relatif au port d'arme
Vu que les factices sont assimilés à des armes de la catégorie imitée, c'est traité de la même façon que les vraies

Ensuite les articles de vos diligences

- Article 53 du code de procédure pénale (relatif aux flagrant délit)
Nous sommes sur un délit donc on va l'utiliser

- Article 73 du code de procédure pénale (toutes personne en cas de crime ou délit flagrant, doit conduire le mis en cause devant un officier de police judiciaire le plus proche)
Qui dit délit dit appréhender

- Article L241-2 du code de la sécurité intérieure (pour la caméra individuelle)
Nous portons la caméra, donc on l'inclue

Les articles à écarter dans ce sujet sont les suivants :

- Article 803 code de procédure pénale (relatif au menottage)
Nous n'aurons besoin de menotter personne, ils sont calme dans le sujet et coopèrent.

- Article 78-6 du code de procédure pénale (relatif au relevé d'identité)
Nous ne sommes pas compétent pour verbaliser, donc pas de relevé

<u>Donc la correction possible serait</u>

RÉPUBLIQUE FRANÇAISE
RAPPORT

POLICE MUNICIPALE
DÉPARTEMENT DE
VILLE D'XVILLE
RAPPORT NUMERO   le Gardien Adam TROISJOUR
                       A
                       Monsieur le Maire,
                       Monsieur Le Procureur de la République,
                       Monsieur l'Officier de Police Judiciaire

L'an deux mille …….., le ………du mois de …….

OBJET : Mise à disposition de Messieurs Alphonse DANSLEMUR et Alonzo BALMASKER pour
- Port d'arme prohibé sur la voie publique
- Menace avec arme factice dans un jardin publique en réunion
- Port d'uniforme militaire sur la voie publique

Ou plus simplement (vous avez le choix) :

- Port d'arme prohibé sur la voie publique
- Menace avec arme factice dans un jardin publique en réunion
- Port d'uniforme militaire sur la voie publique

Nous, Gardien Adam TROISJOUR, accompagné des Gardiens Alain PROVIST, Roméo MONTAIGU et Agathe THEBLOUSE du service.

Agents de Police Judiciaire Adjoints, dûment agréés et assermentés par Monsieur le Préfet et Monsieur le Procureur de la république.
En poste à la police Municipale dans la commune d'Xville. Agissant en uniforme, revêtus des signes extérieurs apparents de notre fonction. Conformément aux ordres de nos chefs et sous couvert de notre hiérarchie.

Vu les Articles 21-2 et 429 du Code de Procédure Pénale
Vu les Articles L511-1 et suivants du Code de la Sécurité Intérieure
Vu les Articles R311-1 et L241-2 du Code de la Sécurité Intérieure
Vu les Articles 222-54, 132-75 et 433-14 du Code pénal
Vu les articles 53 et 73 du Code de Procédure Pénale

Avons l'honneur de vous rendre compte des fait suivants :

Ce jour sommes de patrouille portée, en notre commune.

A 15h30, sommes requis par une dame.

L'agent MONTAIGU, porteur de la caméra individuelle, procède à l'allumage de cette dernière et informe la requérante qu'elle fait l'objet d'un enregistrement vidéo.

La dame, terrorisée vous signale que 2 jeunes individus, vêtus de tenues paramilitaire et armés de pistolets, sont dans le parc qui se situe plus bas dans la rue.

A 15h32, sommes sur place au parc municipal de «Chanteclair» et mettons pieds à terre.
Constatons deux jeunes garçons, d'environ 15 ans, portant tenue militaire et pistolets noirs, visant les usagers du parc et tirant des billes dans leur direction.

Prenons contact avec ces individus et les informons qu'ils font l'objet d'un enregistrement vidéo. Les jeunes hommes nous informent que ce sont des répliques airsoft de pistolet 9mm.

Constatons que les répliquent imitent parfaitement des armes de catégorie B.

A 15h35, appréhendons les deux jeunes pour port d'arme prohibé sur la voie publique, menace avec arme factice dans un jardin publique et port d'uniforme militaire sur la voie publique en réunion.
Palpés sur place, il sont trouvés porteurs de deux imitations d'armes airsoft, que nous écartons. Les individus étants coopératifs, n'apposons pas les menottes.

Dans le même temps, par l'intermédiaire de notre poste central, informons l'officier de police judiciaire territorialement compétent, ce dernier nous dépêche un équipage sur place.

L'agent THEBLOUSE prend contact avec les usagers du parc et demande s'il se trouve des personnes blessées, dont réponse négative.

A 15h40, arrivée de l'équipage de police nationale, relatons les faits au chef de bord qui prend en charge les deux jeunes et les deux armes.

Le chef de bord nous remet l'identité des individus (voir mention complémentaires).
Informons le chef de bord de l'existence d'un enregistrement vidéo de l'intervention que nous tenons à disposition de l'officier de police judiciaire en notre service.

Le fonctionnaire d'Etat se charge de prévenir la famille des mis en cause.

A 15h45, départ de l'équipage de police nationale qui transportent les individus en direction du commissariat de la commune.

Dans le même temps, informons notre poste central des faits, procédons à l'extinction de notre caméra et quittons les lieux.

MENTION COMPLÉMENTAIRE :
Identité des mis en cause :
Premier individu :
Monsieur Alphonse DANSLEMUR, né le 12.04.2005 (16 ans) à XVILLE, Résidant 7 rue de la Drome, à XVILLE.

Second individu :
Monsieur Alonzo BALMASKER, né le 05.01.2006 (15 ans) à XVILLE, habitant au 10 rue de la Drome, à XVILLE.

De retour en notre service, rédigeons le présent
Fait et clos ce jour
Signatures :
Le Gardien   Le Gardien   Le Gardien   Le Gardien
Adam TROISJOUR   Alain PROVIST   Roméo MONTAIGU   Agathe THEBLOUSE

TRANSMISSIONS :

- Monsieur l'Officier de Police Judiciaire Territorialement Compétent
- Monsieur le Procureur de la République
- Monsieur le Maire
- Archives du service

CORRECTION RAPPORT 17 – Nom d'un chien

> Vous êtes le Gardien Alain TERIEUR, accompagné des Gardiens Armand TALO et Annie MALE.
>
> Vous êtes équipés de matraque télescopique, de menottes, de révolver.
> Vous êtes de patrouille pédestre dans la rue Roland, ville de BONNEVILLE.
>
> A 12h40, Vous entrez dans le parc municipal et vous constatez la présence d'un homme accompagné d'un chien de type Rottweiler non muselé et sans laisse.
>
> Vous prenez contact avec l'individu et lui demandez les documents du chien ainsi que sa pièce d'identité.
>
> L'homme est verbalement agressif et vous informe qu'il n'a que sa pièce d'identité et aucun papiers pour le chien.
>
> Expliquez votre intervention
>
> <u>Propriétaire du chien :</u>
> Monsieur Robert MENFOUT né le 06.09.1970 à BONNEVILLE, Résidant 105 rue de la Mer, à BONNEVILLE.
>
> <u>Le chien :</u>
> REX, type rottweiler, né le 12.01.2015 (5 ans), numéro de tatouage 1XCVD

Analyse du sujet :

- Vous êtes le Gardien Alain TERIEUR,
  Ce sera mon identité tout le long du rapport, y compris pour les signatures.

- Trois collègues les Gardiens Armand TALO et Annie MALE.
  Donc nous sommes 3

- Vous êtes équipés de matraque télescopique, de menottes, de révolver
  Voyons à la lecture de la suite si nous allons en avoir besoin.

- Vous êtes de patrouille pédestre dans la rue Roland, ville de BONNEVILLE..
  On est en patrouille à pieds et la ville est Bonneville

- A 12h40, Vous entrez dans le parc municipal
  Un parc municipal, donc lieu public.

- Vous constatez la présence d'un homme accompagné d'un chien de type Rottweiler non muselé et sans laisse.
Le sujet se précise un peu. Un chien catégorisé (2eme catégorie) sans muselière et sans laisse et son propriétaire est apparemment sur place.

- Vous prenez contact avec l'individu et lui demandez les documents du chien ainsi que sa pièce d'identité il vous informe qu'il n'a que sa pièce d'identité et aucun papiers pour le chien.
L'homme n'a aucun papier pour le chien, juste sa propre justification d'identité.

- L'homme est verbalement agressif
*VERBALEMENT AGRESSIF, le sujet ne nous dit pas qu'il nous outrage ! attention, c'est un râleur pas un outrageux
du coup nous avons notre sujet :
verbalisation de Monsieur MENFOUT pour
- Chien catégorisé non muselé
- non présentations des documents relatif à la détention d'un chien catégorisé
- non présentation assurance
- non justification de vaccination
- non présentation permis chien
Pourquoi serions-nous si dur ? parce que l'individu est agressif verbalement*

- <u>Propriétaire du chien :</u>
Monsieur Robert MENFOUT né le 06.09.1970 à BONNEVILLE, Résidant 105 rue de la Mer, à BONNEVILLE.

<u>Le chien :</u>
REX, type rottweiler, né le 12.01.2015 (7 ans), numéro de tatouage 1XCVD
On a les informations pour verbaliser

**Au vu de l'analyse que nous venons de faire ;
On s'intéresse maintenant aux articles fournis et on les trie.**

Les articles à utiliser sont :

Pour la compétence du policier (les articles de base de l'entête)

- Article 21,2° du code de procédure pénale (les policiers municipaux sont agent de police judiciaire adjoint)

- Article 429 code de procédure pénale (valeur des pv ou rapport régulier en la forme et rapporté sur ce qu'un agent a vu entendu ou constaté personnellement)

- Article L511-1 du code de la sécurité intérieure ET suivants (toutes l'étendue des compétences du policier municipal)

Puis les articles de l'infraction relevée (en objet et dans le rapport)

- Article L211-16 du code rural relatif au port de la muselière dans les lieux public
Il n'est pas muselé, c'est un rottweiler donc chien de 2ᵉ catégorie (présence autorisé dans les parcs)

- Article L211-14 du code rural relatif au permis de détention de chien catégorisé et des pièces justificatives)
L'individu ne peut pas nous présenter le permis de détention puisqu'il nous déclare ne pas avoir les papiers du chien

- Article R215-2 du code rural relatif aux infractions relevées des chiens catégorisés
I-3° Chien non muselé
II-1° non présentation assurance
II-2° non justification de vaccination
II-3° non présentation permis chien
II-4° non présentations des documents relatif à la détention d'un chien catégorisé
Lequel vas-t'ont retenir pour faire simple... Et bien tous ! qui se résume en un seul (vu que c'est le même article) le II-4° et c'est inutile de préciser le paragraphe, l'article suffira ☺

Ensuite les articles de vos diligences

- Article L211-12 du code rural (définissant la catégorie des chiens classés)
C'est un rott, donc 2ᵉ cat

- Article 78-6 du code de procédure pénale (relatif au relevé d'identité)
Nous sommes compétent pour verbaliser, donc pas de relevé

Les articles à écarter dans ce sujet sont les suivants :

- Article 803 code de procédure pénale (relatif au menottage)
Nous n'aurons besoin de menotter personne, ils sont calme dans le sujet et coopèrent.

- Article 433-5 du code pénal relatif à l'outrage
L'homme est verbalement agressif, mais le sujet ne dit pas qu'il vous insulte

- Article L211-13 du code rural Relatif aux personnes autorisées
L'individu est majeur, mais nous ne savons pas s'il a été condamné, c'est une enquête, impossible de l'utiliser ici

Donc la correction possible serait

RÉPUBLIQUE FRANÇAISE
RAPPORT

POLICE MUNICIPALE
DÉPARTEMENT DE
VILLE DE BONNEVILLE
RAPPORT NUMERO

                le Gardien Alain TERIEUR
                A
                Monsieur le Maire,
                Monsieur Le Procureur de la République,
                Monsieur l'Officier de Police Judiciaire

L'an deux mille ……..., le ………du mois de …….

OBJET : *Verbalisation de Monsieur MENFOUT pour*
    - Chien catégorisé non muselé
    - Non présentations des documents relatif à la détention d'un chien catégorisé

Nous, Gardien Alain TERIEUR, accompagné des Gardiens Armand TALO et Annie MALE du service.

Agents de Police Judiciaire Adjoints, dûment agréés et assermentés par Monsieur le Préfet et Monsieur le Procureur de la république.
En poste à la police Municipale dans la commune de BONNEVILLE Agissant en uniforme, revêtus des signes extérieurs apparents de notre fonction. Conformément aux ordres de nos chefs et sous couvert de notre hiérarchie.

Vu les Articles 21-2, 429 et D15 du Code de Procédure Pénale
Vu les Articles L511-1 et suivants du Code de la Sécurité Intérieure
Vu Les Articles L211-16, L211-14, R215-2 et L211-12 du code rural
Vu l'Article 78-6 du code de procédure pénale

Avons l'honneur de vous rendre compte des fait suivants :

Ce jour A 12h40, sommes de patrouille pédestre dans le parc municipal de la rue Roland, en notre commune.

Constatons la présence d'un homme accompagné d'un chien de type Rottweiler non muselé et sans laisse.

Prenons contact avec l'individu.
L'informons de l'obligation de museler un chien catégorisé dans un lieu public et l'invitons à museler son chien, dont acte.

Demandons également à ce dernier de nous présenter les documents relatifs à la détention les documents du chien ainsi que sa pièce d'identité, dont acte pour la carte nationale d'identité uniquement.

L'individu se montre verbalement assez agressif.
Lui demandons de restaurer son calme, dont acte

A 12h45, relevons l'identité de l'individu et verbalisons ce dernier pour Chien catégorisé non muselé et non présentations des documents relatif à la détention d'un chien catégorisé. (voir mention complémentaire).

Procédons à la vérification de l'identification de l'animal et à son appartenance réelle au mis en cause, dont résultat positif (voir mention complémentaire).

Informons Monsieur MENFOUT qu'il doit se mettre en conformité avec la règlementation en vigueur et l'invitons à se présenter en mairie afin de régulariser sa situation, dont réponse positive de sa part.

A 12h50, Monsieur MENFOUT quitte le parc accompagné de son animal.

Dans le même temps, informons notre poste central des faits et quittons les lieux.

MENTION COMPLÉMENTAIRE :

Propriétaire du chien :
Monsieur Robert MENFOUT né le 06.09.1970 à BONNEVILLE, Résidant 105 rue de la Mer, à BONNEVILLE.

Le chien :
REX, type rottweiler, né le 12.01.2015 (5 ans), numéro de tatouage 1XCVD

De retour en notre service, rédigeons le présent
Fait et clos ce jour

Signatures :

Le Gardien	Le Gardien	Le Gardien
Alain TERIEUR	Armand TALO	Annie MALE

TRANSMISSIONS :
- Monsieur l'Officier de Police Judiciaire Territorialement Compétent
- Monsieur le Procureur de la République
- Monsieur le Maire
- Archives du service

CORRECTION RAPPORT 18 – un petit verre de trop

> Vous êtes le Gardien Arthur LUT, accompagné des Gardiens Axel HERE et Amanda PAYER.
>
> Vous êtes équipés d'un téléphone de service, de tonfa, de menottes, de révolver. Vous êtes à bord d'un véhicule de patrouille dans la ville de LEOVILLE.
>
> Vous constatez à 22h00, un véhicule franchissant le feu au rouge fixe à l'angle des rues Coudert et Frêne.
>
> Vous constatez également que la conductrice est dépourvu de ceinture de sécurité et tiens un téléphone en main.
>
> A votre prise de contact, vous constatez que la conductrice sent fortement l'alcool et à des propos incohérents.
>
> Le Commissariat est sur la ville et l'Officier de Police Judiciaire vous informe qu'il n'a pas de patrouille de disponible.
>
> **Conducteur :**
> Madame Cécile FOIE né le 04.10.1974 à LITANI, Résidant 84 rue de la Gaule, à LEOVILLE.
>
> **Information véhicule :**
> Renault, Twingo, immatriculé AA-123-BB, Assurance valide jusqu'au 31 de l'année en cours

Analyse du sujet :

- Vous êtes le Gardien Arthur LUT
  Ce sera mon identité tout le long du rapport, y compris pour les signatures.

- Deux collègues les Gardiens Axel HERE et Amanda PAYER
  Donc nous sommes 3.

- Vous êtes équipés d'un téléphone de service, de tonfa, de menottes, de révolver
  Nous n'avons pas de caméra et de quoi se défendre, voyons à la lecture de la suite si nous allons en avoir besoin.

- Vous êtes à bord d'un véhicule de patrouille dans la ville de LEOVILLE.
  On est en patrouille dans un véhicule donc portée et la ville est LEOVILLE

- Vous constatez à 22h00, un véhicule franchissant le feu au rouge fixe à l'angle des rues Coudert et Frêne.
  Nous avons pas mal d'information. Il est 22h, nous constatons un véhicule qui grille le feu et la localisation précise.

- Vous constatez également que la conductrice est dépourvu de ceinture de sécurité et tiens un téléphone en main.
  Ouhh ça fait déjà pas mal d'infraction tout ça ! il va falloir trouver TOUT les articles qui se réfèrent à cela.

INFOS
En règle générale
Si le contrevenant risque de perdre plus de 8 points sur son permis
=
allo OPJ
On ne va rien verbaliser, on fera rapport et c'est le tribunal de police qui décidera du montant et du nombre de points de sanction.
Ou d'une suspension, retrait de permis possible.

ATTENTION
Téléphone tenu en main
+
infraction code route qui est sanctionné par une perte de points
=
rétention de permis immédiate
donc allo OPJ

MAIS LISONS LA SUITE, IL Y A BEAUCOUP DE CHOSES CONTRADICTOIRES.

- A votre prise de contact, vous constatez que la conductrice sent fortement l'alcool et à des propos incohérents.

Ahhhh ben voilààààà !! nous constatons qu'elle est bourrée ! ça c'est du délit donc on se fout de toute autre procédure.

On vas appeler OPJ pour l'informer des faits et il va nous demander de procéder à un dépistage de l'imprégnation alcoolique avec éthylotest.

> **Quoi qu'il en soit**
> **DELIT = ALLO OPJ/mise à disposition**

Du coup maintenant on a notre objet complet :

OBJET : Mise à disposition de Madame FOIE flagrant délit de Conduite sous l'Empire d'un état alcoolique, franchissement d'un feu au rouge fixe, non port de ceinture de sécurité et conduite d'un véhicule avec un téléphone tenu en main

Ou (c'est au choix)

Mise à disposition de Madame FOIE pour conduite sous l'empire d'un état alcoolique et multiples infractions au code de la route.

!! ATTENTION !!
CE N'EST PAS UNE IVRESSE PUBLIQUE MANIFESTE (IPM)
ON NE FAIT PAS LE CERTIFICAT DE NON ADMISSION/HOSPITALISATION (CNA/CNH)
!! CE N'EST VALABLE ET LEGAL QUE POUR UNE IPM !!
!!! PAS POUR LA CONDUITE D'UN VEHICULE !!!
(rappel l'IPM est contraventionnel = on ne fait pas souffler UN PIETON
On fait le certificat à la demande de l'OPJ
et on met à disposition avec le CNA/CNH)

La CEEA
(Conduite sous l'Empire d'un Etat Alcoolique)
EST UN DELIT
=
on fait souffler et on appréhende directement
(soit OPJ vient chercher, soit c'est nous qui l'emmenons)

La CEI
(Conduite en Etat d'Ivresse)
EST UN DELIT
=
On la détermine à la place de la CEEA si on a pas d'appareil pour faire souffler, bahh du coup, on ne peut pas le faire souffler dans le biniou (forcément)
et on appréhende directement
(soit OPJ vient chercher, soit c'est nous qui l'emmenons)

- Le Commissariat est sur la ville et l'Officier de Police Judiciaire vous informe qu'il n'a pas de patrouille de disponible.

Okay, on va devoir l'emmener merci l'OPJ.

- <u>Conducteur :</u>
Madame Cécile FOIE né le 04.10.1974 à LITANI, Résidant 84 rue de la Gaule, à LEOVILLE.
<u>Information véhicule :</u>
Renault, Twingo, immatriculé AA-123-BB, Assurance valide jusqu'au 31 de l'année en cours

Nous avons identité et infos véhicule, à reporter en mention complémentaire.
Il va falloir penser à stationner le véhicule règlementairement parlant et bien remettre les clefs à l'OPJ en pièce jointe et en main propre.

**Au vu de l'analyse que nous venons de faire ;
On s'intéresse maintenant aux articles fournis et on les trie.**

Les articles à utiliser sont :

Pour la compétence du policier (les articles de base de l'entête)

- Article 21,2° du code de procédure pénale (les policiers municipaux sont agent de police judiciaire adjoint)

- Article 429 code de procédure pénale (valeur des pv ou rapport régulier en la forme et rapporté sur ce qu'un agent a vu entendu ou constaté personnellement)

- Article L511-1 du code de la sécurité intérieure ET suivants (toutes l'étendue des compétences du policier municipal)

Puis les articles de l'infraction relevée (en objet et dans le rapport)

- Article L234-1 du code de la route (Conduite sous l'Empire d'un état alcoolique CEEA)
Vu que le fait de faire souffler va faire ressortir un résultat strictement positif, on est dans la CEEA
- Article R412-30 du code de la route (franchissement d'un feu au rouge fixe)

- Article R412-1 du code de la route (non port de ceinture de sécurité)

- Article R412-6-1 du code de la route (conduite d'un véhicule avec un téléphone tenu en main)

Ensuite les articles de vos diligences

- Article L234-3 du code de la route (relatif au dépistage de l'imprégnation alcoolique)
On vas faire souffler, on l'utilise.

- Article 73 du code de procédure pénale (toutes personne en cas de crime ou délit flagrant, doit conduire le mis en cause devant un officier de police judiciaire le plus proche)
Qui dit délit dit appréhender

> On remarque qu'il manque le 53 du code de procédure pénale dans les articles fournis.
> Si vous êtes dans un délit la flagrance est présente, si vous maitrisez l'article, rajoutez le (rappelez vous il est marié à l'article 73)

Les articles à écarter dans ce sujet sont les suivants :

- Article 803 code de procédure pénale (relatif au menottage)
Nous n'aurons besoin de menotter personne, le sujet ne nous donne pas de cas de violence physiques ou de fuite

- Article 78-6 du code de procédure pénale (relatif au relevé d'identité)
Nous ne sommes pas compétent pour verbaliser, donc pas de relevé

- Article L241-2 du code de la sécurité intérieure (caméra individuelle)
On en est pas doté, donc pas besoin de l'article puisque nous n'allons pas l'utiliser.

- Article R412-31 du code de la route (franchissement d'un feu orange)
Bahh le feu est rouge pas orange donc forcément on à pas a mettre celui-ci

Donc la correction possible serait

RÉPUBLIQUE FRANÇAISE
RAPPORT

POLICE MUNICIPALE
DÉPARTEMENT DE
VILLE LEOVILLE
RAPPORT NUMERO

                                  le Gardien Arthur LUT
                                  A
                                  Monsieur le Maire,
                                  Monsieur Le Procureur de la République,
                                  Monsieur l'Officier de Police Judiciaire

L'an deux mille …….., le ………du mois de …….

OBJET : Mise à disposition de Madame FOIE flagrant délit de Conduite sous l'Empire d'un état alcoolique, franchissement d'un feu au rouge fixe, non port de ceinture de sécurité et conduite d'un véhicule avec un téléphone tenu en main
Ou (c'est au choix)
Mise à disposition de Madame FOIE pour conduite sous l'empire d'un état alcoolique et multiples infractions au code de la route.

Nous, Gardien Arthur LUT, accompagné des Gardiens Axel HERE et Amanda PAYER du service.

Agents de Police Judiciaire Adjoints, dûment agréés et assermentés par Monsieur le Préfet et Monsieur le Procureur de la république.
En poste à la police Municipale dans la commune de LEOVILLE. Agissant en uniforme, revêtus des signes extérieurs apparents de notre fonction. Conformément aux ordres de nos chefs et sous couvert de notre hiérarchie.

Vu les Articles 21-2° et 429 du Code de Procédure Pénale
Vu les Articles L511-1 et suivants du Code de la Sécurité Intérieure
Vu les articles L234-1, R412-30, R412-1, R412-6-1, L234-3 du code de la route
Vu les articles 53 et 73 du code de procédure pénale

Avons l'honneur de vous rendre compte des fait suivants :

Ce jour sommes de patrouille portée, en notre commune.

A 22h00, **constatons un véhicule franchissant le feu au rouge fixe à l'angle des rues Coudert et Frêne**

Constatons également que la conductrice est dépourvu de ceinture de sécurité et tiens un téléphone en main
Immédiatement, usons de nos avertisseurs sonores et lumineux et demandons à la conductrice de stopper son véhicule, dont acte.

Mettons pieds à terre

A 22h02, prenons contact avec la conductrice et lui déclinons nos qualités et fonction.
Lui demandons de nous présenter les documents afférents à la conduite et à la mise en circulation du véhicule, dont acte.
Constatons que la femme sens fortement l'alcool et nous tiens des propos incohérents

A 22h05, prenons contact avec l'officier de police judiciaire territorialement compétent pour lui relater les faits, ce dernier nous demande de procéder à un dépistage de l'imprégnation alcoolique et de lui conduire la mise en cause si le résultat se révèle positif.
Citons qu'il nous informe ne pas avoir de patrouille disponible.

Procédons à un dépistage de l'imprégnation alcoolique sur la mise en cause, qui se révèle strictement positif.

A 22h10, appréhendons la mise en cause pour flagrant délit de Conduite sous l'Empire d'un état alcoolique, franchissement d'un feu au rouge fixe, non port de ceinture de sécurité et conduite d'un véhicule avec un téléphone tenu en main

Cette dernière étant calme et coopérative, n'apposons pas les menottes.
Palpé sur place, elle n'est trouvé porteuse d'aucun objet dangereux.

L'agent LUT procède au stationnement régulier du véhicule de la mise en cause au 1 de la rue Coudert .
Citons que le véhicule reste sous la responsabilité juridique de sa propriétaire.

A 22h15, transportons la mise en cause dans notre véhicule en direction du commissariat de la commune.

A 22h20, arrivée au commissariat, remettons la mise en cause, saine de corps, à monsieur l'Officier de Police Judiciaire.
Ce dernier nous remet l'identité de cette dernière.
Citons que nous lui remettons les clefs du véhicule ainsi que l'adresse du stationnement de ce dernier.

A 22h25, informons notre poste central des faits et quittons les lieux.

MENTION COMPLÉMENTAIRE :
Remis par la Police Nationale

Identité Conducteur :
Madame Cécile FOIE né le 04.10.1974 à LITANI, Résidant 84 rue de la Gaule, à LEOVILLE.

Information véhicule :
Renault, Twingo, immatriculé AA-123-BB, Assurance valide jusqu'au 31 de l'année en cours

Pièce jointe : Clef du véhicule de Madame FOIE.

De retour en notre service, rédigeons le présent
Fait et clos ce jour

Signatures :

| Le Gardien | Le Gardien | Le Gardien |
| Arthur LUT | Axel HERE | Amanda PAYER |

TRANSMISSIONS :

- Monsieur l'Officier de Police Judiciaire Territorialement Compétent
- Monsieur le Procureur de la République
- Monsieur le Maire
- Archives du service

IV – CONTACT ET OUVRAGES

➢ COMMENT NOUS CONTACTER ?

Vous avez plusieurs moyens

Auteur :
Adresse mail de Contact :

Retrouvez-moi aussi sur Facebook :
Karine Shepard
(Uniquement en message privé)

Chaine Youtube :

Le casque à outils

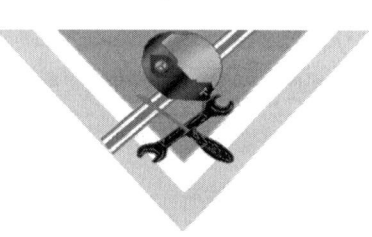

Groupe Facebook :

« Concours Police Municipale (année) (French Candidate only) »

https://www.facebook.com/groups/693801810760939/

FORMATION PRIVEE POSSIBLE

(5 places par an)

CONTACTEZ L'AUTEUR

Et entrez dans

LE CASQUE A OUTILS

➢ **OUVRAGES DU MEME AUTEUR**

CONCOURS DE GARDIEN BRIGADIER DE POLICE MUNICIPALE : Le Condensé de révision Exclusivement sur AMAZON	
CONCOURS DE GARDIEN-BRIGADIER DE POLICE MUNICIPALE: Méthodologie du rapport Exclusivement sur AMAZON	
CONCOURS DE CHEF DE SERVICE DE POLICE MUNICIPALE : Le Condensé de révision Exclusivement sur AMAZON	

V - EPILOGUE

Cet ouvrage a été écrit afin que vous puissiez comprendre toute la complexité des multiples possibilités de sujets que vous pourriez avoir au concours.

La vrai vie vous fera voir des situations toutes aussi complexe.

Entre cet ouvrage et celui de la Méthodologie du rapport, vous avez les deux clés en main pour réussir l'épreuve comme un professionnel le ferait.

Vous pouvez réussir, n'en doutez jamais.

Pensez toujours positif.

Accrochez-vous, donnez-vous les moyens de réussir et tout ira bien.

Respirez un grand coup et hop c'est parti pour les épreuves.

Je vous souhaite de bientôt rejoindre la « famille ».

VI – FEUILLES D'ENTRAINEMENTS

Les feuilles de concours (exemple)

Page suivante

Les feuilles de concours (exemple)

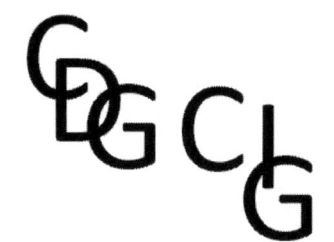

CENTRE DE GESTION DE..
CELUI OU VOUS ETES INSCRIT

CONCOURS : *GARDIEN-BRIGADIER DE POLICE MUNICIPALE*

ÉPREUVE : *RAPPORT*

SECTION : ☐ EXTERNE ☐ INTERNE ☐ 3° CONCOURS

Note : /20

IL EST INTERDIT AU CANDIDAT DE SIGNER SA COPIE OU DE FAIRE APPARAÎTRE UN SIGNE DISTINCT QUELCONQUE

Observations du correcteur

Printed by Amazon Italia Logistica S.r.l.
Torrazza Piemonte (TO), Italy